Michael Schmidt · Formel 1 – Saison 2015

FORMEL 1
SAISON 2015

ALLE TEAMS ▸ALLE STRECKEN ▸ALLE FAHRER

Motor buch Verlag

IMPRESSUM

Chefredaktion: Ralph Alex, Jens Katemann
Stellvertretende Chefredaktion: Birgit Priemer
Redaktion: Michael Schmidt (Formel 1), Claus Mühlberger (Tourenwagen), Bernd Ostmann, Markus Stier (Rallye), Marcus Schurig (Sportwagen)

Fotografen: Stefan Baldauf, John Brooks, Martin Hagen, Bernhard Limberger, McKlein, Daniel Reinhard, Wolfgang Wilhelm, Xpb

Grafische Gestaltung: Michael Heinz
Layout: Jan Messing
Produktion: Hans-Jürgen Kuntze

ISBN: 978-3-613-03757-1

1. Auflage 2015

Sie finden uns im Internet unter www.motorbuch-verlag.de

Herstellung: Medienfabrik GmbH, 70174 Stuttgart
Druck und Bindung: Print Consult GmbH, München
Printed in Slovakia

10
Vettels neue Heimat: Wird er bei Ferrari jetzt der neue Schumacher?

Vorwort

Technik

Porträts

Die Teams

Aktuell

18
Mercedes bestätigte seine Favoritenrolle bei den Testfahrten im Winter. Der Vorsprung ist beträchtlich

40
ToroRosso hat die jüngste Fahrerpaarung im Feld, McLaren die älteste und Ferrari die erfolgreichste

96
Die Auferstehung von McLaren-Honda begann mit einem Fehlstart: nur 1751 Kilometer an 12 Testtagen

74
Der GP Monaco ist das Highlight im GP-Kalender. Er war 1950 zum ersten Mal im Programm und fand bis jetzt 62 Mal statt

130
Le Mans: Der Langstrecken-Klassiker erwartet einen epischen Vierkampf zwischen Audi, Porsche, Toyota und Nissan

Gesucht: starke Gegner für Mercedes

Chefredakteur Ralph Alex über die neue Formel 1-Saison, die wieder ein Powerplay von Mercedes erwarten lässt. Die Konkurrenz wird wohl erst im Verlauf der Saison aufholen. Spannend wird's für Ferrari und Sebastian Vettel.

Schwenkt man die ersten Eindrücke hin und her und lässt sie als Formel 1-Fan auf sich wirken, dann bleibt als Fazit: Vieles kommt uns ziemlich vertraut vor. Erstens das Reglement, klar. Dann der große Favorit Mercedes. Dazu das Feld der Verfolger – Red Bull, Ferrari und Williams. Die Finanzsorgen der kleinen Teams. Und der Sound der V6-Turbos mit Hybrid-Technik (immerhin hat der Lärmpegel ein wenig zugenommen). Die Autos werden um zwei bis drei Sekunden pro Runde schneller sein, weil die Motoren mehr Power haben und die Autos mehr Abtrieb. Formel 1-Ingenieure sind es seit langem gewohnt, dass sie von Zeit zu Zeit in ihrem Erfindergeist eingebremst werden. Doch selten dauert es länger als zwei Jahre, bis sie den Zeitverlust durch die Restriktionen wieder aufgeholt haben. Es ist immer das gleiche Spiel.

Wir befinden uns im Jahr zwei der Hybrid-Formel. Mercedes wird sie dominieren, und das Duell Lewis Hamilton gegen Nico Rosberg feiert eine Neuauflage – mit ungewissem Ausgang. Die Konkurrenz dürfte erst im Verlauf der Saison näherrücken.

Im Lager der Verfolger gibt es neue Konstellationen. Und die machen den Reiz dieser Saison aus. Sebastian Vettel fährt nicht mehr für Red Bull, sondern für Ferrari. Ein deutscher Weltmeister in Rot weckt Erinnerungen an die Zeit von Michael Schumacher in Maranello. Vettel lebt gewissermaßen diese Karriere nach.

Für Michael Schumacher war Ferrari einfach nur ein anderes Team mit einem großen Namen. Der Rekord-Weltmeister hatte keinen Draht zu Historie und Legenden; Vettel schon. Ferrari ist sein Jugendtraum. Der Mythos hat ihn schon jetzt infiziert. Kein Wunder bei einem, der alte Autos sammelt, weil die seiner Meinung nach mehr Charakter haben als die neuen. Doch von der Tradition kann Vettel nicht leben. Er wird Ferrari genauso antreiben, wie es Schumacher getan hat. Ferrari braucht diesen Tritt in den Hintern. Und einen, der wie Vettel positive Energie ausstrahlt.

In Maranello blieb kein Stein auf dem anderen. Neue Leute sollen es richten. Fernando Alonso hat das Weite gesucht. Er war zuletzt ein Stimmungsvergifter, weil er keine Chance mehr sah, mit Ferrari seinen dritten WM-Titel zu gewinnen. Jetzt wird er vielleicht noch länger warten müssen. Die wiederbelebte Ehe McLaren-Honda kam nur langsam in Fahrt. Neuzugang Honda sieht sich mit den gleichen Kinderkrankheiten konfrontiert wie Mercedes, Ferrari und Renault vor einem Jahr. Die Technologie ist so komplex, dass selbst Automobilhersteller daran zu knabbern haben.

Die Puristen rufen nach einer Rückkehr zu 1000 PS, aggressiven Autos und einfacherer Technik. Doch das System scheitert an sich selbst. Die Teams stimmen für das, was ihnen gut tut. Und so finden sich nie Mehrheiten für das, was dem Sport gut täte.

Unser Formel 1-Team: Michael Schmidt (Mitte) mit den Fotografen Daniel Reinhard und Wolfgang Wilhelm

Neue Regeln 2015

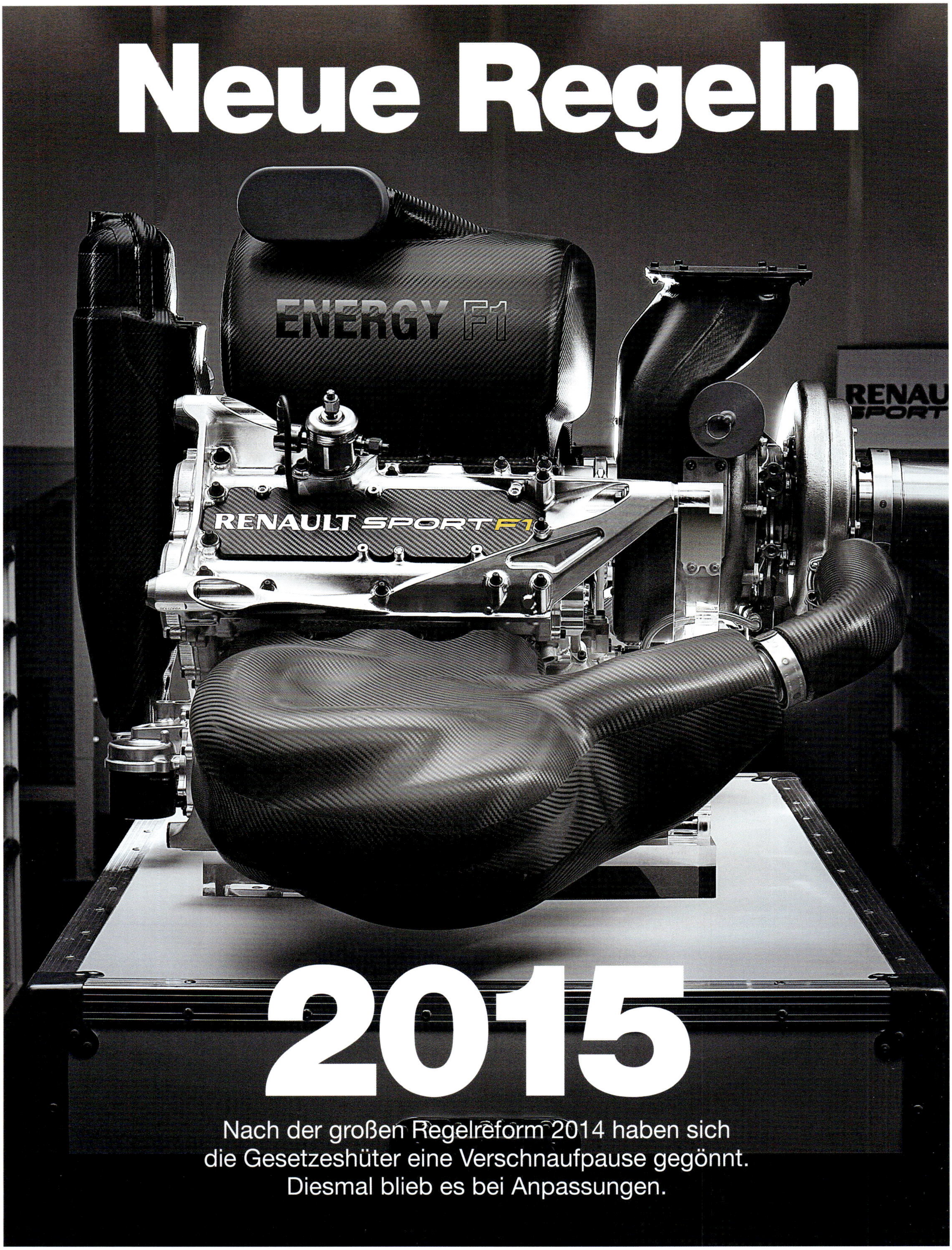

Nach der großen Regelreform 2014 haben sich die Gesetzeshüter eine Verschnaufpause gegönnt. Diesmal blieb es bei Anpassungen.

1 Die Technik

Im Technischen Reglement legen 480 Paragrafen auf 88 Seiten fest, wie Autos, Antriebsquellen, Elektrik, Reifen und der Kraftstoff beschaffen sein müssen. Wichtig sind folgende acht Änderungen:

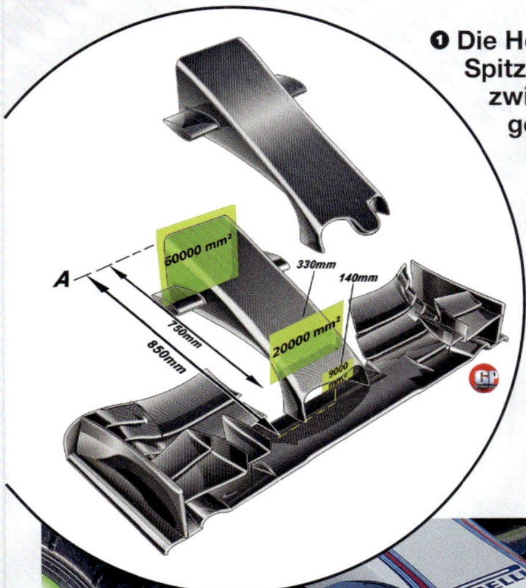

❶ Die Höhe der Nase 50 Millimeter hinter ihrer Spitze muss auf einer Fläche von 9000 mm² zwischen 135 und 220 Millimeter betragen. Der Querschnitt der Nase muss kontinuierlich auf 20 000 und 60 000 mm² anwachsen.

❷ Die Verzögerung auf den ersten 15 Zentimetern Knautschzone der Nase beim frontalen Crashtest muss zwischen 2,5 und 10 g liegen.

❸ Das Mindestgewicht steigt von 692 auf 701 kg.

❹ Der Zylon-Schutz an den Flanken des Cockpits gilt für die gesamte Höhe der Fahrgastzelle. Zylon ist ein reißfester Stoff, der für schusssichere Westen verwendet wird.

❺ Pro Fahrer sind nur noch vier statt fünf Motoren erlaubt.

❻ Beim Motor sind variable Ansaugtrichter erlaubt.

❼ Die Antriebsquellen dürfen über die ganze Saison entwickelt werden. Stichtag ist nicht mehr der 28. Februar. Der Umfang bleibt mit 32 Token (48 Prozent aller Teile) gleich. Neuzugang Honda darf nachrüsten. Und zwar im Mittelwert der Token, die sich Mercedes, Ferrari und Renault nach dem 28. Februar aufheben.

Williams-Nase: breiter, tiefer, kürzer

Die F1-Autos legen neun Kilo zu

2 Das Sportgesetz

Das Sportgesetz ist 56 Seiten stark und beinhaltet enorm viele Regeln. Es umfasst 235 Paragrafen und acht Anhänge, von denen allein die Testrestriktionen bei der Aerodynamik 29 Posten aufweisen.

❶ Die Doppelpunkt-Regel wurde gestrichen.

❷ Bei einer Rennunterbrechung nehmen die Autos in der Boxengasse und nicht auf der Zielgeraden Aufstellung.

❸ Zusätzlich zur Fünfsekunden-Zeitstrafe gibt es die verschärfte Version mit zehn Sekunden Stillstand vor dem Boxenstopp. Zum Beispiel, wenn die Mechaniker nach dem 15-Sekunden-Signal vor Beginn der Formationsrunde noch am Auto arbeiten.

❹ Kumulierte Strafen bei unerlaubten Motorwechseln werden in Zeitstrafen umgewandelt. Die Strafversetzung in der Startaufstellung erfolgt nur ein Mal.

❺ Die Sperrstunden für die Mechaniker werden um eine Stunde verlängert.

❻ Die Testfahrten während der Saison werden auf zwei Mal zwei Tage in Barcelona und am Red Bull-Ring beschränkt. In letzten Jahr gab es unter dem Jahr noch acht Testtage.

❼ Die Rennleitung wartet mit dem Re-Start nach einer SafetyCar-Phase nicht mehr, bis die Hinterbänkler nach dem Zurückrunden zum Feld aufgeschlossen haben.

❽ Bei doppelt geschwenkter gelber Flagge gilt auf der gesamten Strecke das virtuelle SafetyCar. Die Autos müssen bis zur Freigabe des Rennens eine Maximalgeschwindigkeit einhalten, die 145 Prozent der Rundenzeit bei Renntempo entspricht. Der Fahrer kann am Display ablesen, ob er sich im Zeitfenster befindet.

Vettels roter Traum

Ferrari erfindet sich neu. Mit Sebastian Vettel statt Fernando Alonso im Cockpit, neuer Teamleitung, neuem Motorenchef und einer neuen Fabrik. Können die Roten wieder ein Gegner für Mercedes werden?

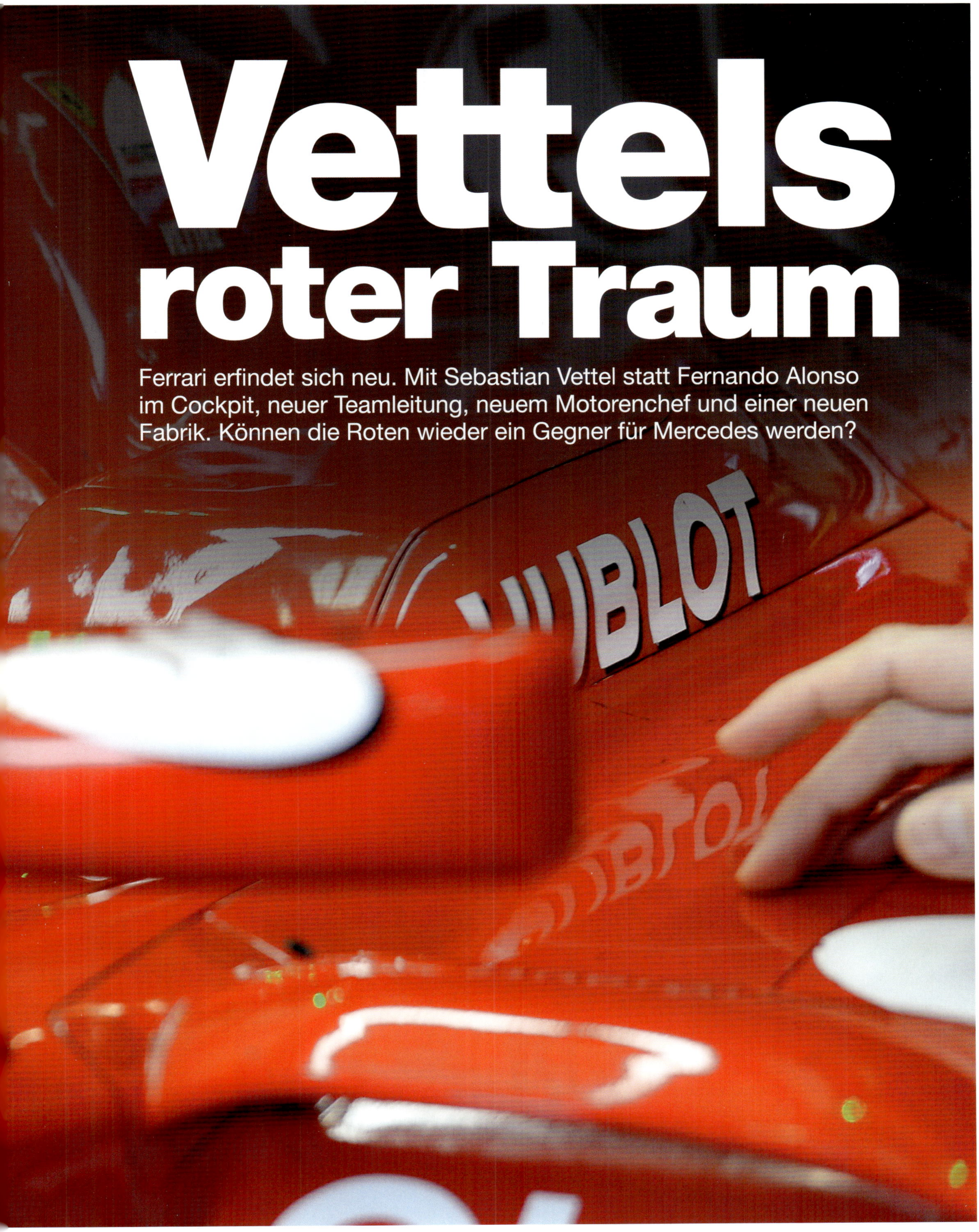

Ferrari drückt auf die Reset-Taste. Wieder einmal. Wie oft hatten wir das schon in der Geschichte des Traditionsrennstalls? Die Fiat-Spitze hat es nach dem Tod von Enzo Ferrari 1988 versucht und ist grandios gescheitert. Jean Todt übernahm Mitte 1993 das Zepter und machte die größte Erfolgsgeschichte des Rennstalls daraus. Seine Erben konnten an die Siegesserie nicht mehr anschließen.

Felipe Massa verpasste 2008 den WM-Titel um einen Punkt. Fernando Alonso fehlten 2010 vier und 2012 drei Zähler. Kein Beinbruch, sollte man meinen. Doch das Management war von den WM-Titeln der Schumacher-Ära verwöhnt. Als sich 2014 schon nach vier Rennen eine weitere Niederlage anbahnte, musste Todt-Zögling Stefano Domenicali seinen Hut nehmen. Mit Marco Mattiacci kam einer, den keiner kannte. Und der von der Formel 1 nichts wusste. Der frühere Ferrari USA-Chef überlebte nur 220 Tage. Dann folgte ihm der frühere Philip Morris-Manager Maurizio Arrivabene.

Alle Schlüsselposition neu

Mit Mattiacci musste auch Präsident Luca di Montezemolo gehen. Fiat-Boss Sergio Marchionne setzte Ferraris charismatischen Anführer eiskalt auf die Abschussrampe. Die beiden Herren waren seit Jahren nicht gut aufeinander zu sprechen. Nicht nur das Management wurde ausgetauscht. Ferrari besetzte sämtliche Schlüsselpositionen neu. Für den Motor sind jetzt Lorenzo Sassi und Mattia Binotto verantwortlich und nicht mehr Luca Marmorini. Chefdesigner ist jetzt Simone Resta und nicht mehr Nikolas Tombazis. Die ehemalige Technik-Institution Rory Byrne bringt sich wieder mehr in die Entwicklung mit ein. Als Mentor von Resta. An die Stelle von Chefingenieur Pat Fry soll Mercedes-Mann Jock Clear treten. Er darf aber erst im Dezember seinen neuen Job antreten. Mercedes gibt ihn vorher nicht frei. Auch die Renningenieure Riccardo Adami (Vettel) und Dave Greenwood (Räikkönen) sind neu an Bord. Kimi Räikkönens Aussage lässt tief blicken: „Die personellen Änderungen wurden aus den richtigen Gründen getroffen."

Nur der Technikdirektor James Allison und der Aerodynamikchef Dirk de Beer haben das Personalkarussell überlebt. Eine weise Entscheidung. Wenn irgendwo Konstanz gefragt ist, dann im Designbüro. Der neue SF15-T ist das erste Auto, das komplett unter der Direktive von Allison gebaut wurde. Ist es Zufall, dass der neue Ferrari die Philosophie der 2012 und 2013 so erfolgreichen Lotus-Modelle in sich trägt? Sicher nicht. Allison arbeitete vorher bei Lotus. Das neue Auto ist kompakt, simpel, schnörkellos. Er ist einfach zu fahren, einfach abzustimmen und einfach zu verstehen.

Im April zieht Ferrari in eine neue, supermoderne Rennfabrik. Der Windkanal ist schon seit einem Jahr auf dem neuesten

Neu motiviert: Räikkönen fühlt sich bei Ferrari wieder wohl

Vettel beim Dienstwagen-Check

Ungewohnter Anblick: Sebastian Vettel in Rot

Stand. Auch bei Simulation und Simulator hat Ferrari zugelegt. Die Motorenabteilung wartet auf neue Prüfstände. Im Laufe des Jahres soll ein sogenannter VTT-Prüfstand kommen. Darauf wird der Motor im Chassis getestet. Es war eines der Erfolgsgeheimnisse von Mercedes.

Laut Oberindianer Marchionne gibt es keine Ausreden mehr. Im Cockpit ersetzte ein Weltmeister den anderen. Ein reichlich desillusionierter Fernando Alonso ging, ein voll motivierter Sebastian Vettel kam. Der frühere Red Bull-Pilot brachte so etwas wie Aufbruchstimmung mit. Und er äußerte sich nach den Wintertestfahrten vorsichtig optimistisch. „Der erste Eindruck passt. Das Auto ist eine gute Startbasis." Kimi Räikkönen hat im Gegensatz zu Vettel einen Vergleich zum Vorjahr. Er bestätigte den Eindruck des neuen Teamkollegen: „Das neue Auto ist in fast allen Bereichen besser als im Vorjahr. Gerade in unseren Schwachpunkten. Ich habe wieder Vertrauen in das Auto."

Großer Fortschritt beim Motor

Eine große Rolle spielt der Motor. Er ist fahrbarer, berechenbarer, stärker, sparsamer und um 15 Kilogramm leichter. Und die letzte Fahnenstange ist noch nicht erreicht. Ferrari will in mehreren Schritten nachrüsten. Das Reglement gibt es in diesem Jahr her. Die Motorenhersteller müssen nicht mehr alle 32 Entwicklungs-Token bis zum 28. Februar verfeuern. Bei Ferrari lagen die Defizite klarer auf der Hand als bei Renault. Die Ingenieure um Lorenzo Sassi wussten, was sie falsch gemacht hatten. Der Auspuff zu lang und zu schlecht wärmeisoliert, der Turbolader zu klein, die Rekuperation der Wärmeenergie zu ineffizient.

Der Ladeluftkühler ist wie im Vorjahr platzsparend im V des Sechszylinders platziert. Dafür wanderte der Öltank aus dem Getriebegehäuse zurück an seinen angestammten Platz zwischen Chassis und Tank. Das machte es möglich, den Radstand zu verkürzen. Beim Motor hat Ferrari den größten Schritt getan. Der Auspuff ist besser eingepackt, die Auspufflängen wurden optimiert, das Endrohr ist dünner, und der Turbolader geriet größer. Der Lader beim Test nur allerdings nur eine Zwischenlösung. Er soll im Verlauf der Saison noch einmal größer werden. Ferrari plant zwei bis drei Ausbaustufen.

Die Technik ist eine Sache. Die Stimmung im Team eine andere. Sie wurde in den letz-

Neuer Arbeitsplatz: Vettel im Ferrari SF15-T

ten Jahren durch den Druck von Montezemolo und Alonso vergiftet. Der eine schob die Schuld auf den anderen.

Keiner traute sich Risiken einzugehen, aus Angst, etwas falsch zu machen. Ferraris neuer Teamchef Maurizio Arrivabene bringt frischen Wind in das Team. Der neue Capo ist ein Stimmungsmacher. Er lässt seine Mannschaft an der langen Leine arbeiten, hält Druck von ihnen fern. „Wir sind wieder ein Team. Ohne Grüppchenbildung, ohne Politik. Alle marschieren in die gleiche Richtung. Die Stimmung in der Boxengarage ist gelöst. Die Leute wirken wie befreit, seit wir ihnen eine neue Verantwortung gegeben haben." Der 57-jährige Italiener führt Kimi Räikkönen als Beispiel für Ferraris neue Lockerheit an: „Er spricht, er lacht. Ich habe ihn gefragt: Bist du krank?"

> „Kimi spricht, Kimi lacht. Ich habe ihn gefragt, ob er krank ist. Er meinte, es mache ihm wieder Spaß"

Alle sind mitgerissen vom neuen Geist in der Mannschaft. Auch das Urgestein Rory Byrne. Arrivabene erzählt eine Anekdote zu dem Südafrikaner: „Ich traf Rory kürzlich abends in einem Restaurant. Er hat furchtbar schnell gegessen. Ich fragte ihn, warum er es so eilig hat. Da hat Rory geantwortet: Weil ich gleich zu einem Meeting mit Simone muss. Das zeigt, wie motiviert jeder in diesem Team ist." Über die Motorenabteilung juxt Arrivabene: „Sie haben über Weihnachten nicht Jingle Bells gehört, sondern den Motorensound."

Neuer Geist in Maranello

Ferrari war die große Überraschung des Testwinters. Die roten Autos waren praktisch jeden Tag an der Spitze zu finden. Das nährt die Hoffnung in Italien, dass Ferrari in diesem Jahr wieder auf die Siegerstraße zurückkehrt. Arrivabene bremst zu hoch fliegende Erwartungen: „Ich halte nichts von der Wintermeisterschaft. Auto und Motor sind ein Fortschritt zum Vorjahr. Trotzdem bleiben wir auf dem Teppich und sagen jetzt nicht, dass wir mit Mercedes um den WM-Titel fahren werden."

»Ich halte nichts von der Winter-Weltmeisterschaft. Zwei Siege wären gut«
Teamchef Maurizio Arrivabene

»Jeder Weg zum Sieg führt auch in diesem Jahr wieder über Mercedes«
Sebastian Vettel

»Wir haben unsere Probleme zu Bett gebracht. Jetzt kann die Saison losgehen«
Technikchef James Allison

Räikkönen wartet auf das Abfahrt-Signal

Interne Berechnungen haben ergeben, dass der Rückstand zu Mercedes 0,8 Sekunden pro Runde beträgt. Die im Dezember ausgegebenen Saisonziele gelten auch heute noch: „Zwei Siege wären gut, drei perfekt, und bei vier laufe ich 100 Kilometer barfuß nach Maranello.“ Mit seinen lockeren Sprüchen ist der ehemalige Philip Morris-Manager der genaue Kontrapunkt zu seinem Vorgänger Marco Mattiacci, der zum Lachen in den Keller ging.

Ein Hauch von Briatore

Mit Arrivabene weht ein Hauch von Flavio Briatore durch Maranello. Erste Aufforderung an die Medien: „Nennt mich bitte Maurizio und nicht beim Nachnamen.“

Vettel hat in Maranello in den letzten drei Monaten schon großen Eindruck hinterlassen. Weil er die neue Großwetterlage positiv mitträgt. Arrivabene dementiert, dass Vettel von seinem Vorgänger Mattiacci an Bord geholt wurde. „Unser Sponsor Philip Morris wollte ihn, nachdem klar wurde, dass uns Alonso verlassen wird. Sebastian hatte seine Zweifel. Er hat sich mit der Managerin von Michael Schumacher unterhalten, um herauszufinden, wie die Familie Ferrari tickt. Der entscheidende Anruf aber kam von unserem Boss Sergio Marchionne. Er hat Vettel schließlich umgestimmt.“ Auch Räikkönen bekommt Streicheleinheiten vom Chef. „Kimi war unser letzter Weltmeister. Er ist zwei gute Saisons bei Lotus gefahren. Im letzten Jahr kam er mit dem Auto nicht zurecht, weil er die Frontpartie nicht so gespürt hat, wie er es gewohnt war. Das ist mit dem neuen Auto anders. Wer glaubt, Kimi sei über Nacht ein Auslaufmodell geworden, der irrt sich.“

Kann ein Einstand besser sein? Sebastian Vettel stieg in Jerez zum ersten Mal in den neuen Ferrari SF15-T und beendete den Arbeitstag mit einer Bestzeit. Die besten Rundenzeiten beim Barcelona-Test lagen um 3,9 Sekunden unter der schnellsten Trainingsrunde im Vorjahr.

Räikkönen kein Auslaufmodell

Vettel resümierte seinen offiziellen Dienstantritt in Rot vorsichtig optimistisch: „Der erste Eindruck ist ziemlich gut. Natürlich tut es gut, wenn dein Name vorne steht, aber am ersten Tag ist die Rundenzeit nicht entscheidend. Da zählt mehr die Anzahl der Runden. Und da hätten es gerne etwas mehr sein können.“ Vettel sieht seine Ferrari-Ära als Langzeit-Auftrag. „Bei uns gibt es viele neue Leute und bekannte Leute auf neuen Positionen. Das muss sich erst alles einspie-

Ferrari zählte bei den Testfahrten zu den größten Geheimniskrämern. Sogar das abgedeckte Fahrzeug wurde mit Stellwänden vor neugierigen Fotografen geschützt. Auf der Strecke machte der SF15-T eine gute Figur. Er war auf Anhieb schnell

len. Unser Ziel muss es in diesem Jahr sein, dass wir die Lücke zu Mercedes schließen." Vettel in roter Uniform war fast so ungewohnt wie sein weißer Helm. „Es ist das erste Mal, dass mein Helm keine Red Bull-Farben trägt. Ich habe mir viele Gedanken über das neue Design gemacht. Es sollte etwas Schlichtes sein."

Vergleiche zu seinem alten Team und dem Motor wollte Vettel nicht ziehen. „Das wäre unfair." Nur so viel: „Die Knöpfe am Lenkrad sind an anderer Stelle. Da habe ich mich im Winter drauf vorbereitet. Das Fahrgefühl ist auch anders, weil das Auto eine andere Philosophie hat. Das ist aber völlig normal und passiert bei jedem Teamwechsel." Der Mann, der schon im Go-Kart von Ferrari geträumt hat, wird nicht müde, vom Mythos Ferrari zu schwärmen. „Ich hatte eine großartige Zeit bei Red Bull, aber Ferrari ist einfach ein spezielles Team. Wenn du nur durch Maranello fährst, hat das etwas Magisches. Ich war schon früher mal da, aber da waren alle Türen für mich natürlich noch verschlossen. Das hat sich jetzt geändert." Für Ferrari lernt Vettel sogar Italienisch. Und verschliss dabei zwei seiner Lehrer. Es ging ihm offenbar nicht schnell genug. In Maranello erzählt man sich, dass der Neuzugang schon sehr passabel die Landessprache beherrsche.

Vettel spricht schon Italienisch

Michael Schumacher radebrechte selbst nach zehn Jahren noch, wenn er seine Mechaniker auf Italienisch unterhielt. Vom Mythos allein aber kann Vettel nicht leben. „Wir müssen schon hinklotzen, um unsere Ziele zu erreichen." Mit der neuen Formel 1 hat sich der 39-fache GP-Sieger inzwischen abgefunden. „Du kannst entweder hinschmeißen oder sie annehmen. Da ich immer noch da bin, habe ich sie angenommen. Auch wenn mir ein großer Zwölfzylinder immer noch lieber wäre."

Kimi Räikkönen wird sich wohl nie ändern. Seine Pressekonferenzen haben meistens wenig Unterhaltungswert. Im Prinzip bestätigte der Finne die Aussagen seines Kumpels Vettel. Das neue Auto ist gut. Die Atmosphäre im Team ist besser. Die Resultate lassen hoffen. Von Räikkönens Resultaten wird es abhängen, ob Ferrari die Option auf ihn einlöst. Typisch Kimi, dass ihm das ziemlich egal ist. „Wenn die Saison schlecht läuft, wird die Option nicht gezogen. Bei guten Resultaten gibt es keinen Grund, nicht noch ein drittes Jahr dranzuhängen. Doch das beschäftigt mich im Augenblick nicht."

Star Allüren

Mercedes geht als haushoher Favorit in die Saison. Der Titelverteidiger strotzt vor Selbstvertrauen, glaubt aber, dass die Gegner näherrücken werden. Denn Ferrari, Red Bull und Williams wollen die Dominanz der Silberpfeile brechen.

BlackBerry
PETRONAS
EPSON

Hamilton wird nach einem Defekt an die Box geschoben

Es könnte der Beginn einer langen Erfolgsserie werden. Wie einst bei McLaren, Williams, Ferrari oder Red Bull. Mercedes hat 2014 mit großem Abstand die Weltmeisterschaft gewonnen und damit eine gute Ausgangsbasis für eine Fortsetzung der Dominanz geschaffen. Weil man auf einer bewährten Technik aufbauen und das Risiko minimieren kann. Ferrari, Red Bull und Williams müssen die Hosen runterlassen. Das birgt immer die Gefahr, Fehler zu machen.

Im Fall von McLaren 1988, Ferrari 2000 oder Red Bull 2010 dauerte es vier Jahre, bis die Konkurrenz aufgeschlossen hatte. Das wissen auch die Gegner von Mercedes. Deshalb unternehmen sie nicht nur im Technikbüro alle erdenklichen Anstrengungen, um den Rückstand aufzuholen.

Politik gegen Mercedes

Sie sind auch auf dem politischen Parkett aktiv. Ferrari wünscht sich neue Motoren, Red Bull ein neues Auto. „Mercedes würde die Technik am liebsten für die nächsten zehn Jahre einfrieren", spottet Red Bull-Teamchef Christian Horner. Niki Lauda und Toto Wolff konnten bis jetzt alle Störfeuer der Konkurrenz löschen. Bis Ende 2016 bleibt das Reglement stabil.

Außenminister Lauda warnt, sich auf den Lorbeeren auszuruhen: „Wenn wir von unserem Vorsprung 2014 ausgehen, ist unsere Situation komfortabel. Aber jeder, der die Formel 1 kennt, weiß, dass Erfolg schnell vergänglich ist. Ich gehe davon aus, dass

Testfahrer Wehrlein bei Mercedes-Premiere

Noch 6 Runden: Hamilton bei GP-Simulation

unsere Gegner näher kommen.“ Wie nahe? „Wir haben uns eigene Ziele gesetzt, haben aber keine Ahnung, ob die anderen nicht noch größere Schritte machen. Es wäre eigentlich logisch, weil unsere Gegner mehr Spielraum zur Verbesserung haben als wir.“ Nico Rosberg gibt Lauda Recht: „Ferrari hat uns beim Testen die Augen geöffnet.“

Auch Motorenchef Andy Cowell hält den Vorsprung von Mercedes für aufholbar. „Die Regeln, die Physik und die Chemie sind für alle gleich. Deshalb hat jeder die gleiche

> „Es wäre logisch, wenn die Gegner von Mercedes näherkommen. Sie haben mehr Entwicklungsspielraum als der Klassenbeste“

Chance. Ich sehe keinen Grund, warum es unseren Mitbewerbern nicht gelingen sollte, einen gleich guten Motor zu bauen wie wir. Natürlich stehen wir nicht still. Aber je weiter oben du in der Entwicklung stehst, umso flacher wird die Kurve, dich zu verbessern. Unsere Verfolger kennen das Ziel. Dank der GPS-Messungen wissen sie genau, in welchen Bereichen wir was leisten. Das ist ihr Vorteil. Ferrari und Renault werden höher zielen als das, was wir vorgelegt haben. Wir werden einen großen Schritt vorwärts ma-

Hamilton: „Ich bin mir sicher, dass unsere Gegner näherrücken werden. Besonders Ferrari“

Weltmeister in Aktion: Hamilton beim Jerez-Test

chen, aber ich kann nicht garantieren, dass dies ausreicht, um besser zu sein als die Konkurrenz."

Wie kann man das beste Auto und den besten Motor noch besser machen? Diese Frage trieb Mercedes um, seit die Entwicklung für den neuen AMGW 06 begonnen hat. Technikchef Paddy Lowe musste den Ehrgeiz seiner Ingenieure zügeln, ohne sie zu sehr einzubremsen. „Wir hatten ein großartiges Auto 2014. Das hat uns aber auch dem Druck ausgesetzt, das Ergebnis aus dem Vorjahr zu wiederholen. Die Formel 1 ist ein Geschäft, das nicht vergibt. Wir haben deshalb den AMG W06 mit dem Ziel gebaut, den Vorsprung zu halten."

Das Ziel: Vorsprung halten

Doch jeder Eingriff in ein funktionierendes System birgt Risiken. „Zum Beispiel, dass der Schuss nach hinten losgeht", warnt Lowe. Deshalb galt bei der Konstruktion des neuen Silberpfeils der Grundsatz des kalkulierten Risikos. „Wir haben eine Evolution mit kleinen Revolutionen unter der Außenhaut gebaut."

Technikchef Lowe: „Man erwartet von uns, dass sich 2014 wiederholt"

Lowe spricht damit die Kühlung an, die im letzten Jahr in Montreal, Budapest und Abu Dhabi für Probleme gesorgt hat. „In diesem Auto steckt der zweite Aufguss des neuen Kühlkonzepts." Was nicht einfach war, weil die Kühler teilweise an eine andere Stelle versetzt werden mussten. Der neue Mercedes-Motor bekam einen längeren Auspuff. Die Krümmer, die jetzt wie ein Schlangennest ineinander verflochten sind, nehmen mehr Platz weg. Trotzdem ist das Heck des AMG W06 superschlank. Chefdesigner Aldo Costa bekam ein Lob von Teamchef Toto Wolff: „Im Heck passt nichts mehr zwischen Außenhaut und Motor."

Brixworth baute neuen Motor

Auch die Motorenschmiede in Brixworth machte über den Winter mobil. Obwohl der Mercedes V6-Turbo 2014 in allen Disziplinen die Nummer eins war, haben Andy Cowell und seine Ingenieure einen völlig neuen Motor auf Kiel gelegt. Das wirft die Frage auf, wie das möglich ist mit nur 32 Entwicklungs-Token, die 48 Prozent aller Antriebskomponenten entsprechen. Cowell erklärt: „Die 32 Token sind ein sehr großzügiges Geschenk. Wer die Liste der Token und der damit möglichen Änderungen studiert, wird schnell feststellen, dass man damit einen

@MERCEDESAMGF1
MERCEDESAMGF1.COM
REPSOL
REPSOL
PETRONAS
PETRONAS
BlackBerry
PIRELLI
QUALCOMM
PETRONAS
SYNTIUM
PETRONAS
SYNTIUM
PETRONAS

Rosberg: „Das Auto fühlt sich wie eine Evolution an. Der größte Unterschied sind die Reifen“

komplett neuen Motor bauen kann.“ Die Neukonstruktion war aus vielen Gründen eine Notwendigkeit. „Zum Beispiel, weil wir dieses Jahr nur vier statt fünf Motoren pro Fahrer zur Verfügung haben. Das bedeutet, dass jeder Motor um 25 Prozent mehr Kilometer zurücklegen muss. Ein Motorschaden schlägt viel gravierender zu Buche als im letzten Jahr.“
Wie alle Motoren im Feld ist der Mercedes V6-Turbo jetzt mit variablen Ansaugtrichtern ausgerüstet. Das ist seit dieser Saison erlaubt und gibt den Motorentechnikern mehr Gelegenheit zum Feintuning. „Damit

„Jeder Motor muss in diesem Jahr 25 Prozent mehr Kilometer zurücklegen als 2014. Standfestigkeit hat deshalb Priorität“

lässt sich die Leistungskurve abflachen“, erklärt Cowell. Die verstellbaren Trompeten und die längeren Laufzeiten haben zunächst das Motorgewicht ansteigen lassen. Deshalb stand auch Abspecken auf dem Programm, um die Antriebseinheit wieder auf das Mindestgewicht von 145 Kilogramm zu bringen. Das Paket ist außerdem kompakter als im Vorjahr, um die Installation im Auto zu optimieren. Schließlich trieben Cowell noch die Defekte aus dem Vorjahr um. „Wir haben da neue Standards im Bereich der Produktion und des Zusammenbaus gesetzt.“ Petronas entwickelte Kraftstoffe und Motoröle, um Leistung und Ansprechverhalten zu verbessern und die innere Reibung zu reduzieren. Mehr Leistung bedeutet höhere Hitzeabstrahlung. „Das wurde dank der neuen Schmierstoffe wieder kompensiert“, lobt Cowell.

Es gab Probleme mit den Kolben

Der Motorenguru mit der Stoppelfrisur bilanziert: „90 Prozent der Modifikationen sind von außen nicht erkennbar. Sie wurden am Herz im Inneren unseres Triebwerks vorgenommen.“

Der Mercedes-Motor hat rund 40 PS zugelegt. Doch auch Mercedes ist nicht unfehlbar. In den ersten zwei Testwochen mussten alle Mercedes-Piloten mit gedrosselter Kraft fahren. Es gab Probleme mit den Kolben. Die Laufbuchsen überhitzten, wenn man mit der Leistung zu stark ans Limit ging. Lauda hat von seinen Ingenieuren gefordert: „Wir müssen die Ausfälle halbieren.“ In Paddy Lowes Zahlenwelt heißt das: Die Standfestigkeit muss sich von 84 auf 92

Selfie vom Weltmeister: Hamilton, Rosberg, Silberpfeil

Der Chef und sein Außenminister: Wolff, Lauda

Quertreiber: Rosberg rutscht beim Barcelona-Test ins Kiesbett

Prozent steigern. Das wären 1,77 Ausfälle über die Saison. Mercedes schockte die Konkurrenz zunächst nicht mit Rundenzeiten, sondern sieben Renndistanzen an vier Tagen. Und das Weltmeister-Team übte schon Boxenstopps zu einem Zeitpunkt, an dem die anderen noch ihre Kinderkrankheiten ausbügelten.

Erst Kilometer, dann Bestzeiten

McLaren-Teamchef Eric Boullier konstatierte: „Das spricht für ihr Selbstvertrauen." Mercedes-Chefdesigner Costa erklärte das Testprogramm: „Wir wollten die ersten sechs Tage so viel fahren wie möglich, damit kaputtgeht, was kaputtgehen kann. Je früher du ein Zuverlässigkeitsproblem entdeckst, umso besser. So hast du Luft, darauf zu reagieren. Deshalb hat uns gewundert, dass unsere Gegner es offenbar genau umgekehrt machen. Erst Rundenzeiten, dann Zuverlässigkeit." Das Unternehmen Weltmeisterschaft ist eine gewaltige Operation. In Brackley und Brixworth arbeiten 1200 Menschen. Das Budget beträgt 197 Millionen Euro. Ohne Motor. Der soll sich mit den Leasinggebühren der Kunden Williams, Force India und Lotus refinanzieren. Sie zahlen zwischen 17 und 21 Millionen Euro in die Mercedes-Kasse.

> „Das Unternehmen WM-Titel kostet 197 Millionen Euro. Ohne Motor. 1200 Menschen arbeiten dafür"

Mit Lewis Hamilton und Nico Rosberg verfügt Mercedes auch noch über eine der besten Fahrerpaarungen. „Sie schaukeln sich in ihrem Ehrgeiz gegenseitig hoch", freut sich Teamchef Wolff. Intern erwartet man ein ähnlich enges und hartes Duell wie im Vorjahr. Hamilton startet mit dem Selbstvertrauen des Titelverteidigers, Rosberg mit frischem Elan. „Jeder gute Rennfahrer kommt nach einer Niederlage stärker zurück", hofft Lauda. Doch wie beim Motor verlief der Testwinter auch bei den Fahrern nicht ganz reibungslos. Die Verhandlungen mit Hamilton um eine Vertragsverlängerung zogen sich in die Länge. Nach dem Test in Jerez glaubte man sich bei Mercedes schon am Ziel, doch dann kam erneut etwas dazwischen. Hamilton trennte sich wieder

einmal von seiner Freundin Nicole Scherzinger und hatte plötzlich keine Lust auf Vertragsverhandlungen. Lauda beschwichtigt: „Im Prinzip sind wir uns einig. Es muss nur noch alles zu Papier gebracht werden."

Hamiltons Vertragsdrama

Nico Rosberg kehrte nach dem Testmarathon in Jerez mit einer Nervenentzündung im Nacken nach Monte Carlo zurück. Der Herausforderer tastete sich deshalb zwei Wochen später in Barcelona vorsichtig heran. Nach 66 Runden räumte er das Cockpit für Lewis Hamilton, um seinem Nacken eineinhalb Tage Pause zu gönnen. „Das war eine reine Vorsichtsmaßnahme. Wir wissen jetzt, dass die Schmerzen etwas mit meiner Sitzposition zu tun haben. Es geht da um Zentimeter. Ich wollte aufrechter sitzen, weil ich da aggressiver fahren kann. Nach den Problemen haben wir die Sitzposition wieder abgeflacht. Sogar noch mehr als im Vorjahr. Das hilft der Wirbelsäule."

Für Mercedes lohnt sich das Abenteuer Formel 1. Die Kritiker im Konzern sind verstummt. Das Formel 1-Thema wird in die Werbung und die sozialen Netzwerke integriert. Mercedes-Kunden werden von der Rennstrecke aus mit exklusiven Informationen versorgt. Deshalb ist Mercedes auch daran interessiert, dass die Formel 1 die Hybrid-Technik behält. Andy Cowell hält die 1000 PS-Diskussion im Zusammenhang für überflüssig: „Die aktuelle Motor-Architektur gibt locker 1000 PS und mehr Sound her, wenn wir die Durchflussmenge erhöhen. Dabei sollten wir jedoch den Gedanken der Energie-Effizienz nicht verwässern. Es wäre eine Schande, wenn wir dieses Ziel aus den Augen verlieren."

→ auto motor und sport **Info**

Die Serien der Weltmeister

Bei den Konstrukteuren kommen Weltmeister-Titel oft im Abonnement. Ein überlegenes Konzept zahlt sich über Jahre aus. Mercedes steht am Beginn einer solchen Serie. McLaren, Williams, Ferrari und Red Bull haben es vorgemacht.

Team	Serie
Ferrari	1975-1976-1977
McLaren	1988-1989-1990-1991
Williams	1992-1993-1994
Ferrari	1999-2000-2001-2002-2003-2004
RedBull	2010-2011-2012-2013

2014

2015

Die Effizie

Im zweiten Jahr der Hybrid-Formel suchen die Konstrukteure nach Optimierung im Detail. Die Autos gleichen sich an. Gute Ideen und eigenständige Lösungen muss man schon mit der Lupe suchen.

nz-Formel

RedBull Tarnlook soll Geheimnisse schützen

Die kurze Nase soll noch kürzer werden. Die Knolle verschwindet

Die Wespentaille des RB11: Hoch und schlank. Das hilft dem Diffusor

S-Schacht: Unter der Nase geht die Luft rein, oben wieder raus

Der Auspuff ist völlig gekapselt

Das Rad wird nicht zwei Mal erfunden. Die Erfahrung zeigt, dass sich die Autos immer ähnlicher sehen, je länger ein Reglement stabil bleibt. Die Hybrid-Formel geht in ihr zweites Jahr. Und die Werkzeuge und Zielvorgaben sind für alle gleich. Windkanal, CFD, Prüfstände, Simulator. Die Ingenieure kommen beim Durchspielen aller erdenklicher Formen alle irgendwann zu einem ähnlichen Ergebnis. Und zwar viel schneller als früher, als der Kopf des Konstrukteurs und die Erfahrung noch zählten.

Alles ist auf Effizienz ausgerichtet. Möglichst viel Abtrieb bei möglichst geringem Luftwiderstand. Das Gesicht der 2015er Autos änderte sich nur deshalb sichtbar, weil es eine neue Nasenregel gibt. Die Neudefinition der Paragrafen 3.7.9., 15.4.3 und 16.2. verhindert die hässlichsten Auswüchse des Vorjahres. Die Nasen müssen fünf Zentimeter hinter ihrer Spitze zwischen 135 und 220 Millimeter hoch sein. Diese Sektion muss eine Fläche von mindestens 9000 mm² aufweisen. Damit es bis zum vorderen Chassis-Schott, im Fachjargon A-A-Sektion genannt, keine abrupten Übergänge gibt, wird eine gleichmäßige Vergrößerung des Querschnitts verlangt. Von 9000 auf 20 000 mm² innerhalb der ersten zehn Zentimeter, bis auf maximal 60 000 mm² an der Mittellinie der Vorderachse. Beim Crashtest ist für die ersten 150 Millimeter Knautschzone eine kontrollierte Verzögerung zwischen 2,5 und 10 g Vorschrift. Das verhindert Nasenspitzen aus Kunststoff.

Als die neuen Autos präsentiert wurden, teilte sich die Formel 1 in zwei Lager: lange und kurze Nasen. Die neue Nasenregel hat den Ingenieuren viel Kopfzerbrechen bereitet. Sie trauten beim ersten Windkanalversuch mit einer 2015er Nase ihren Augen nicht. Der Abtrieb reduzierte sich um bis zu 10 Prozent. Es dauerte eine ganze Weile, bis wieder die Vorjahreswerte erreicht waren. Das Problem liegt darin, dass die Nase an ihrer tiefsten Stelle bereits ein großes Volumen hat. Dadurch werden die Luftwirbel, die der Frontflügel produziert, in andere Bahnen gelenkt. Umso mehr, je stärker die Nase den Flügel überlappt und damit die Strömung stört.

Trend geht zur Kurznase

Wer wie Ferrari, McLaren oder ToroRosso eine lange, schlanke Nase gebaut hat, bekommt zwar über dem Flügel mehr Höhe, doch das löst das Problem nur zum Teil. Bei einer kurzen Nase wird der Crashtest zur Zitterpartie. Die Nase muss den Regeln gemäß mindestens 85 Zentimeter lang sein. Doch die Höhenvorschrift wird nicht mehr vom vorderen Chassis-Schott gemessen, sondern von der Mittellinie der Vorderachse. Bei Mercedes ist die mit der A-A-Sektion fast identisch. Red Bull hat die Vorderachse aus Gründen der Gewichtsverteilung um neun Zentimeter nach hinten gepfeilt. Damit wird die Knautschzone der Nase kürzer und der Crashtest noch schwieriger.

Mercedes hat im letzten Jahr leidvoll erfahren, wie viel Knowhow man in die Karbonstrukturen der Nase stecken muss, um den Crashtest bei einer nur 85 Zentimeter kurzen Nase zu bestehen. Es klappte erst im vierten Versuch. Die Konkurrenz macht diese Erfahrung jetzt. Lotus hat es als einziges Team auf Anhieb geschafft.

Red Bull fiel bei Crashtest durch

Red Bull und ToroRosoo segelten durch. Williams musste eine Knolle vor die Kurz-Nase bauen, Red Bull provisorisch auch. Technikchef Adrian Newey plant aber mit einer Nase ohne Knolle. Auch Ferrari und McLaren haben Kurzversionen im Versuch. Nur Sauber will bei seiner Langnase bleiben. Mit beschränkten Mitteln muss man sich auf andere Projekte konzentrieren, statt Geld mit Crashtests zu verfeuern. Die Nase hat eine Tropfenform, die an den Schnabel

> „Die neue Nasenregel machte allen viel zu schaffen. Zuerst einmal gingen zehn Prozent Abtrieb verloren“

eines exotischen Vogels aus Afrika erinnert. Dort, wo die Stelzen für den Frontflügel ansetzen, wird die Nase abrupt breiter. So will man noch möglichst viel Luft unter der Nase durchschleusen.

Hinter der Nase geht es vor allem darum, die vom Frontflügel und den Vorderrädern erzeugten Turbulenzen aufzufangen und in geordnete Bahnen zu lenken. Besonders wichtig sind dabei die so genannten Y-250 Wirbel, die jeweils 25 Zentimeter links und rechts der Mittelachse des Autos am Frontflügel entstehen. Es ist der Übergang vom genormten Mittelteil in den Bereich, der frei gestaltet werden darf. Diese Turbulenzen werden durch zahlreiche Leitbleche unter der Nase und vor den Seitenkästen kanalisiert. Sie müssen vom Unterboden ferngehalten werden. Die Künstler nutzen die Wirbelzöpfe dazu, die Seitenkästen zum Boden hin abzudichten. So wird Schaden in Nutzen umgewandelt. In feuchter Luft sind diese gezähmten Wirbel als Kondensstreifen zu sehen.

Durch die tieferen Nasen wird der Luftstrom in anderen Bahnen nach hinten geleitet. Jeder geht damit auf seine Weise um. Es beginnt schon beim Radstand. Der Mercedes und Ferrari sind die beiden kürzesten Autos, der Lotus, Williams und ToroRosso die längsten. Mercedes schafft trotz der

Lotus Zurück zu den Wurzeln

Die Lotus-Nase ist so kurz wie beim Mercedes

Leitbleche und Bügelflügel halten die Strömung dicht am Seitenkasten

Lotus übte schon in Austin 2014 mit einer kurzen Nase. Da war der Crashtest nur noch Formsache

Airbox mit Ohren: Die seitlichen Lufteinlässe führen zum Ers-Kühler

Kompaktheit den größten Platz zwischen Vorderrädern und Seitenkästen. Das hilft, die von den Vorderrädern aufgewirbelte Luft zu beruhigen. Bei McLaren ist er am kleinsten. Dafür baut keiner im Heck so flach und schmal wie der neue McLaren MP4-30. Im Jahr zwei der Hybridformel kennen die Fahrzeugingenieure den Kühlbedarf ihrer Antriebsquellen. Weil alle an Leistung zugelegt haben, ist er in diesem Jahr gestiegen. Allerdings waren viele 2014 mit der Kühlung so sehr auf der sicheren Seite, dass die Seitenkästen der 2015er Autos unter dem Strich an Volumen verloren haben. Weil alle viel besser wissen, welcher der vielen Kühler wie viel Luft braucht, und wie man sie am besten platziert. Das Maß aller Dinge war im letzten Jahr Mercedes. Beim Auto und beim Motor. Deshalb haben alle ganz besonders genau auf den neuen AMG W06 geschaut.

Kalkuliertes Risiko bei Mercedes

Technikchef Paddy Lowe spricht von einer „Evolution mit kleinen Revolutionen." Die Nase des neuen Silberpfeils erfüllt das geforderte Mindestmaß von 85 Zentimetern. Sie ist eckiger, schmaler und tiefer als im letzten Jahr. Der Frontflügel ist von der Nase kaum überdeckt. Ideal, um die Wirbel, die der Flügel erzeugt, in den Griff zu bekommen.

Überhaupt sieht der AMG W06 aus wie ein Kompaktmodell des Vorjahresautos. Alles wirkt zierlicher. Die Kühleinlässe, die Seitenkästen, die Heckpartie. Das ganze Auto ist auf eine Minimierung des Luftwiderstandes getrimmt. Vor den Hinterrädern sind die Seitenkästen nur noch bei McLaren und bei ToroRosso so flach. Die Leitbleche unter der Nase sind vierfach gefächert, der horizontal angebrachte „Bat-Wing" steiler angestellt. Der untere Querlenker der Vorderachse ist wie im Vorjahr ein flach liegendes Y. Mit noch breiterer Basis und noch späterer Verzweigung in zwei Arme. Die neue Motorabdeckung fällt von Anfang an sanft Richtung Heck ab. Im letzten Jahr ver-

McLaren Das extremste Heck aller Autos

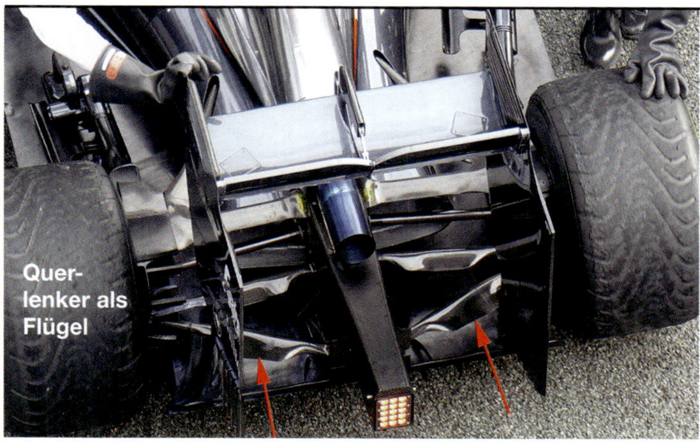

Querlenker als Flügel

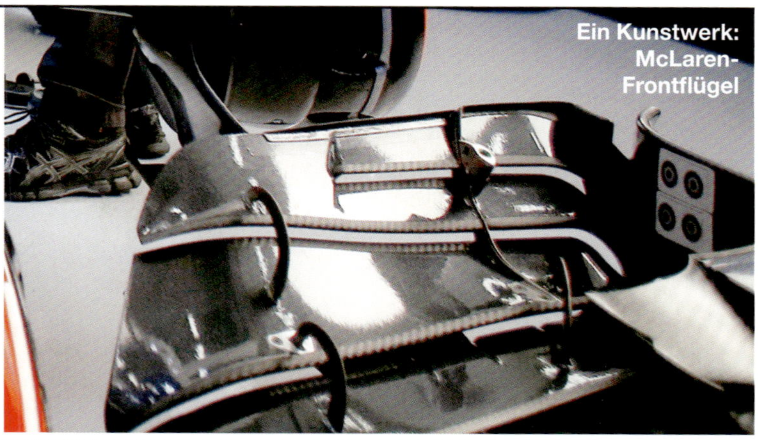

Ein Kunstwerk: McLaren-Frontflügel

McLaren gehört zur Langnasen-Fraktion

lief sie in Seitenansicht erst ein Stück weit gerade, bevor die Kante nach unten abknickte. Der Luftauslass im Heck ist neu gestaltet. Rund um die Querlenker der Hinterachse entweicht keine Luft mehr. Alles konzentriert sich auf den Bereich zwischen dem Ende der Motorabdeckung und dem Diffusordach.

Neweys letztes Werk

Red Bull gilt als erster Herausforderer von Mercedes. Adrian Newey hat sein letztes Werk abgeliefert, bevor er seinen Halbtagesjob antritt. In Zukunft wird der beste Konstrukteur seiner Zunft nur noch zu 50 Prozent für die Formel 1 arbeiten. Den Rest der

> „Adrian Newey arbeitet nur noch halbtags für die Formel 1. Er baut ein Boot für den America's Cup"

Zeit beschäftigen ihn Projekte außerhalb des Motorsports. Zum Beispiel Arbeiten an einer Yacht für den America's Cup. Keiner stellt sein Auto so stark an wie Red Bull. Die Bodenfreiheit an der Hinterachse ist atemberaubend. Nach unseren Messungen ist der Radstand des Red Bull um rund 12 Zentimeter länger als der des Mercedes.

Red Bull wieder stark angestellt

Newey braucht im Heck Länge, damit er beim Abstand Vorderachse zum Seitenkasten keinen Platz opfern muss. Vorne geht Red Bull in vielen Details eigene Wege. Als einziges Team blieb man dem S-Schacht treu. Die unter der Nase einströmende Luft wird oben wieder ausgelassen, diesmal aber näher am Cockpit. Der Red Bull RB11 hat die kleinsten Kühleinlässe aller Autos. Die Seitenkästen sind sowohl vorne als auch hinten in die Höhe gewachsen. Dafür sind sie schlanker geworden. Am Einlass der Kühler ist kein anderes Auto so schmal. Hinten muss man bei Red Bull wegen des Tarnlooks genauer hinschauen.

Im Heck wurde aufgeräumt

Von oben betrachtet sieht der Red Bull da relativ breit aus. Ist er aber nicht. Das liegt an der Ausbuchtung, die die Seitenkästen in diesem Bereich oben machen. Weiter unten sind sie stark eingezogen. Und darauf kommt es an. Die Ausbuchtungen werden im Heck dazu genutzt, die heiße Kühlluft auf das Diffusordach ausströmen zu lassen. Im Heck haben die Red Bull-Ingenieure aufgeräumt. Der Auspuff liegt tiefer und ist von der Verkleidung völlig eingeschlossen. Die hinteren Bremsbelüftungen bestehen aus einer Staffette von sieben Winglets.

Ferrari macht mit einer neuen Mannschaft mobil. Der SF15-T ist der erste Ferrari, der die Handschrift des im August 2013 von Lotus gekommenen Technikdirektors James Allison und seines Aerodynamikchefs Dirk de Beer trägt. Gewisse Details erinnern an die Lotus-Modelle der Jahre 2012 und 2013. Der neue Ferrari ist nach dem Mercedes das kürzeste Auto im Feld. Trotzdem schafft es Mercedes, dass die Seitenkästen weiter von den Vorderrädern entfernt sind als beim Ferrari. Auch weil das Cockpit weiter hinten liegt. Dafür bringt Ferrari mehr Platz unter die Chassisröhre. Dort liegt Sebastian Vettels rote Rakete auf Red Bull-Niveau. Man könnte sagen, Ferrari hätte sich bei den Dimensionen aus einem Mix aus Red Bull und Mercedes bedient. Im Vergleich zum alten F14-T ist der Radstand geschrumpft. Dazu ist das neue Auto flacher als das alte. An der Vorderachse hält Ferrari stur an der Pullrod-Technik fest. In diesem Jahr wieder als einziges Team.

> „Der SF15-T ist der erste Ferrari aus der Hand von James Allison. Kein Wunder, dass er Design-Elemente von früheren Lotus-Modellen in sich trägt"

Ferrari mit Pullrod vorne

Das Fahrwerk wurde besser auf die Aerodynamik abgestimmt. Erstmals sind vorne die Bremszangen unten angebracht. Der Anlenkpunkt der Zugstange versteckt sich jetzt hinter dem unteren Dreieckslenker. Zusammen mit einem unteren Dreieckslenker, der sich nach Mercedes-Vorbild erst kurz vor dem Chassis spreizt, ergibt das einen tiefen Schwerpunkt und eine deutlich bessere Strömung hinter der Vorderachse. Schon der alte F14-T hatte die kleinsten Seitenkästen aller Autos. Das ist auch diesmal so. Nur mit einer anderen Architektur. Vorne höher, hinten kompakter. Ferrari verwendet weiter die sündteuren Kühler der Firma Mezzotech. Die erreichen im Vergleich zu konventionellen Kühlern die gleiche Leistung bei

Sauber Das Heck wurde gezähmt

Lange Nase in Tropfenform

Airbox mit drei Lufteinlässen

Solide Konstruktion: Punkte sind Pflicht

15 Prozent weniger Fläche. Der Vorteil der Kühler zeigt sich vor allem in langsamen Passagen. Je schneller, umso geringer der Nutzen. Die Technologie hat aber auch einen Nachteil. Sie reagiert stärker auf Verschmutzung. Die Kühleinlässe sind weiter dreieckig und auf Minimalismus getrimmt. Auf den ersten Blick verläuft die Airbox im Profil identisch wie beim Vorjahresauto. Der Unterschied zeigt sich im Heck. Die neue Motorabdeckung senkt sich tiefer ab. Der Auslass am Ende der Motorabdeckung schmiegt sich enger um den Auspuff und das Diffusordach. Die hinteren Bremsbelüftungen sind ein Kunstwerk mit sieben übereinander gestapelten Flügelchen. Marke Red Bull. Auch der Diffusor erinnert mit seinen schräg auslaufenden Kanten an den Red Bull. Teile dieser Anordnung wurden bereits bei den letzten Rennen 2014 getestet.

> „Williams setzt auf die Qualitäten des Vorjahresautos. Der FW37 ist ein besserer FW36. Der WM-Dritte will sich in der Spitzengruppe festbeißen"

Diffusor nach Red Bull-Vorbild

Der Störenfried im Establishment war im letzten Jahr Williams. Technikchef Pat Symonds hat die Order ausgegeben, sich in der Spitzengruppe festzusetzen. Er baut auf den guten Qualitäten des Vorjahresautos auf. Der FW37 ist ein besserer FW36. „Wir haben das Vorgängerauto einfach ein bisschen besser aufgeräumt", sagt Symonds. Der Williams zählt zu den Autos mit einem längeren Radstand. Die Seitenkästen sind vorne hoch und schmal. Und sie fallen nur dezent nach unten ab. Dafür hören sie so früh auf wie bei keinem anderen Auto. Das gleiche gilt für die Airbox. Sie schließt am hinteren Ende bündig mit den Seitenkästen zwei Handbreit vor den Hinterreifen. Bei allen anderen Autos reichen die Seitenteile bis hinter die Hinterachse. Wegen der kurzen Motorabdeckung steht das Schwert der Airbox extrem stark über. Die Nase ist Rekord. Zumindest in der Williams-Geschichte. Noch nie war sie so kurz. Deshalb hat man den internen Crashtest auch erst im vierten Versuch geschafft. Der Technikchef gibt zu, dass man zunächst eine lange Nase bauen wollte: „Wir konnten damit aber nicht den Abtriebsverlust kompensieren, den uns die neue Nasenregel eingebrockt hat."

Die Unterschiede zum alten Williams sind minimal. Die größte Neuheit findet sich noch im Cockpit. Williams hat jetzt auch ein großes Display. Aber nicht auf der Lenkkonsole, sondern dahinter fest installiert. Das 2015er Mercedes-Triebwerk hat im Heck einige Umbauten verlangt. Weil der Auspuff breiter baut, mussten einige Kühler neu positioniert werden. Das Ladeluftkühler-Konzept von Mercedes hat Williams nicht kopiert. Der Intercooler sitzt

ToroRosso Das Ziel ist der fünfte Platz

Der beste ToroRosso aller Zeiten

Testträger mit Langnase. Eine Kurzversion folgt

Aufhängungen sind auch Flügel

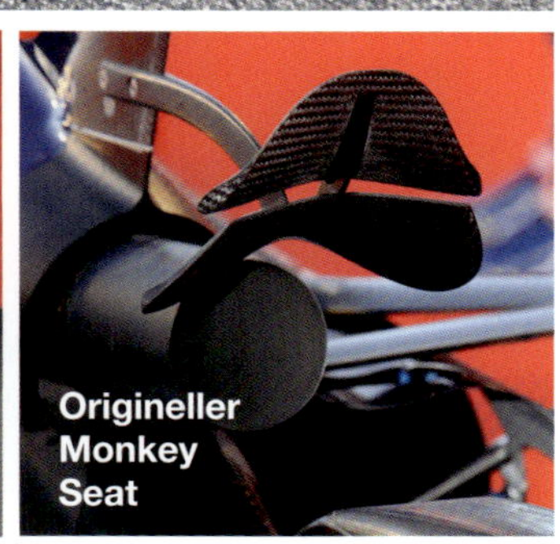
Origineller Monkey Seat

Ferrari Ingenieure setzen auf kurzen Radstand

Neben dem Mercedes ist der Ferrari das kürzeste Auto im Feld

Der Heckflügel steht auf einer zentralen Stelze. Die Schlitze in den Endplatten hat sich Ferrari bei Red Bull abgeschaut

Unter der Airbox gibt es zwei kleine Lufteinlässe, die zu einem Kühler für die Elektromaschinen führen

weiter im Seitenkasten und nicht im Chassis. Auch bei Force India.

Im Heck wurde aufgeräumt

Das spart Gewicht und ist servicefreundlicher. Die Querlenker der Hinterachse rückten im Vergleich zum FW36 nach oben. Die Dämpfer wanderten in das Getriebegehäuse. Das verbessert die Anströmung zum Diffusor. Typisch Williams ist der Auslass der heißen Kühlluft. Im Prinzip eine genial einfache Lösung. Die Luft entweicht durch eine Spalte der äußeren und inneren Verkleidung. Die Außenhaut ist der Abschluss der Motorabdeckung und der Seitenkästen. Die Innenhaut die Verkleidung des Getriebes. Symonds wundert sich: „Dass diese Idee noch niemand kopiert hat?"

> „Der neue McLaren ist ein langes, im Heck aber auch filigranes Auto. Keiner baut hinten so schlank und so niedrig"

Im Gegensatz zu Williams ist bei McLaren alles neu. Der Motor von Honda statt von Mercedes, das Auto erstmals wieder von Peter Prodromou, der 2007 zusammen mit Adrian Newey von McLaren zu Red Bull geflüchtet war. Teamchef Eric Boullier spricht vom extremsten Auto im Feld. Keiner sei so flach, so schlank, so zierlich wie der neue McLaren. Nur noch beim Lotus E23 sitzt der Fahrer so weit vorn. Der Abstand zwischen Seitenkasten und Vorderrad ist beim McLaren auffallend kurz, der von der Cockpitrückwand bis zur Hinterachse ungewöhnlich lang. Man braucht extra Länge, um die Seitenkästen so weit einzuziehen. Die Nase ist tief. Sehr tief.

Und im Profil messerdünn. Die Stelzen für den Frontflügel sind weit ausgestellt. Optisch ein Genuss. Aber bietet diese Lösung die gleichen aerodynamischen Vorzüge wie die Kurznase von Mercedes? Der Frontfllügel debütierte schon beim Finale 2014 in Abu Dhabi. Ein Kunstwerk aus 11 horizontalen Elementen und drei Etagen mit jeweils

Williams Ein verbessertes Vorjahresauto

Die kürzeste Nase der Firmenhistorie

Der Heckflügel steht auf den Endplatten. Geplant ist eine zentrale Stütze

Die Knolle an der Nasenspitze ist die Crashstruktur. Sie stört die Strömung nur minimal

Die Seitenkästen behielten ihre Form von 2014, liegen aber enger an

vier vertikalen Splittern im äußeren Bereich. Auch die vorderen Bremsbelüftungen tragen eine besondere Handschrift. Sie schlingen sich in Form eines C um den Vorderreifen. Das Chassis wirkt hinter den Vorderrädern filigraner als im Vorjahr. Im Heck geht McLaren eigene Wege. Die Heckflügelelemente sind an der Spalte gezackt. Der hintere untere Querlenker wurde wieder zu einer Art Flügel umfunktioniert, wenn auch viel dezenter als im Vorjahr. Die Segel sind verschwunden. Sie brachten Abtrieb, aber auch jede Menge Luftwiderstand.

McLaren filigraner als 2014

Elegant ist die Heckflügel-Aufhängung, die aus der Motorabdeckung wächst und nicht aus dem Getriebe oder der Crashstruktur. So wird die Luft, die rund um den Auspuff aus der Verkleidung austritt, nicht gestört.

Lotus ist neben McLaren das zweite Team, das den Motorhersteller gewechselt hat. Von Renault zu Mercedes. Das bringt frei Haus 40 PS extra und zehn Kilogramm weniger Gewicht. Jetzt muss nur noch das Auto funktionieren. Im letzten Jahr hat sich Lotus mit einem technisch riskanten Projekt die Finger verbrannt. Die Nase mit den zwei Stoßzähnen und das gewagte Kühlkonzept für den Motor waren ein Flop. Teamchef Gérard Lopez forderte von seinen Technikern eine Rückkehr zu dem Konzept, das Lotus in den Jahren 2012 und 2013 insgesamt 618 Punkte gebracht hat: „Wir hatten meistens Autos mit einer gutmütigen Aerodynamik, die verständlich und ausbaufähig war. Beim mechanischen Grip haben wir immer zu den Besten gezählt. Unsere Autos waren einfach zu fahren, einfach abzustimmen und auf jeder Rennstrecke zuhause. Zu dieser DNA wollten wir zurück."

Die Nase ist exakt 85 Zentimeter lang. Also das Mindestmaß. Das Team hatte bereits letztes Jahr beim GP USA mit einer Kurzversion geübt. An der Vorderachse blieb sich Lotus treu. Die Querlenker stehen weiterhin extrem eng zusammen, was daran liegt, dass die oberen Aufhängungsteile tief ansetzen. Die Druckstrebe lenkt am Radträger nicht dort an, wo die unteren Querlenker auftreffen, sondern fast auf Radmitte. „Eine ähnliche Geometrie hatten wir schon letztes Jahr", verrät Chefingenieur Alan Permane. Er sagt auch: „Wir waren vom

So sehen die Gegner Mercedes: Heckansicht des Klassenbesten

Fric-Verbot am stärksten betroffen, haben jetzt aber eine Technik entwickelt, die den Verust von Fric praktisch kompensiert."

Lotus kompensiert Fric-Verlust

Die Airbox ist mit drei Lufteinlässen bestückt. Neben der Luftzufuhr für den Motor in der Mitte sind zwei Ohren angebracht, die den Getriebeöl- und Ers-Kühler versorgen. Die asymetrisch angebrachte Heckflügelstütze, die sich links am Auspuffendrohr vorbeischlängelte, ist verschwunden. Der Flügel sitzt jetzt auf einer Strebe, die im 45 Grad-Winkel aus der Motorverkleidung nach hinten wächst. Die oberen Querlenker der Hinterachse steigen vom Getriebegehäuse aus nach oben an und biegen an der Stelle, an der sie sich vereinigen, nach unten ab. Dort bilden sie ein Flügelprofil. Insgesamt steht die Aufhängung so hoch wie möglich, um die Strömung oberhalb des Diffusors möglichst wenig zu stören.
ToroRosso-Teamchef Franz Tost sprach vom besten ToroRosso der Firmengeschichte. „Er sieht schön und sauber aus, und er wird auch schnell sein." Tost gab Platz fünf als Saisonziel aus. ToroRosso geht im Bereich der Motorabdeckung und Seitenkästen einen anderen Weg als das Schwesterteam Red Bull. Das überrascht, weil die Installation der Antriebsquelle auf Wunsch von Renault praktisch identisch ausgefallen ist. Bei den Testfahrten war die Nase noch lang. Das soll sich ändern, sobald der Crashtest bestanden ist.

ToroRosso plant mit Kurznase

Auch die ohnehin schon schlanken Seitenkästen sollen noch schrumpfen. Im Gegensatz zu allen anderen Autos steigen die Querlenker der Vorderachse vom Radträger zum Chassis nicht an. Der obere verläuft exakt parallel zur Straße, der untere ist ganz moderat angewinkelt. Die Airbox ist in zwei Kanäle unterteilt. Der obere Schacht des

Kompakt-version des 2014er-Autos

Unterer Dreieckslenker in Y-Form

Leitbleche zum Einfangen der Turbulenzen

ovalen Einlasses führt wie die seitlich an der Motorabdeckung angebrachten Öffnungen zum Getriebeöl- und Ers-Kühler. Der untere Teil der Luftzufuhr fächelt dem Motor Atemluft zu.

Sauber steckt die Saison 2014 noch in den Knochen. Null Punkte, das gab es in 22 Jahren Formel 1 noch nie. In diesem Jahr sind WM-Punkte Pflicht. Oberstes Gebot: Es muss standfest sein und den Fahrern Vertrauen geben. 2014 legte Sauber mit 9056 Kilometern auch noch die geringste Distanz aller noch verbleibenden Formel 1-Teams zurück. Sieben Defekte und neun Unfälle trübten die Bilanz. Viele der Ausrutscher

» Mercedes baute eine Kompaktversion seines Weltmeisterautos. So minimiert man das Risiko «

wurden dadurch provoziert, dass das Vorjahresauto schwer zu fahren war. Die wichtigsten Vorgaben wurden erfüllt. Beide Fahrer berichteten, dass ihr Auto gut reagiert. Die Maßnahmen in Bezug auf die Reduzierung des Gewichts, die Verbesserung der Bremsstabilität und den Speed in langsamen Kurven zeigten Wirkung. Dabei hilft auch ein deutlich verbesserter Ferrari-Motor. Er ist fahrbarer und stärker als das Vorjahresmodell. In den Seitenkästen liegen die Kühler jetzt. Vorher waren sie aufrecht installiert. Das Heck ist nach Angaben von Technikchef Eric Gandelin weniger voluminös, was der aerodynamischen Effizienz zugute kommt. Der Heckflügel steht auf zwei Stelzen, die das Auspuff-Endrohr einrahmen. Sie sind nicht mehr an der Crash-Struktur, sondern am Getriebegehäuse montiert. Das stammt wie gehabt von Ferrari.

Team für Team

Es ist das kleinste Formel 1-Feld seit 1969. Nur neun Teams und 18 Fahrer. Fünf Weltmeister sind an Bord, acht GP-Sieger und drei Neulinge. McLaren hat die älteste Fahrerpaarung, ToroRosso die jüngste.

Vorhang auf: Hamilton und Rosberg enthüllen den neuen Mercedes

Mercedes

6 Nico Rosberg (D)

PERSÖNLICHE DATEN

Geboren	27. Juni 1985 in Wiesbaden
Wohnort	Monte Carlo (MC)
Größe	1,78 m
Gewicht	67 kg
Familienstand	ledig
Internet	www.nico-rosberg.com

ERFOLGE

Rennen	166
WM-Punkte	888,5
GP-Siege	8
Pole-Positions	15
Schnellste Runden	9
Führungskilometer	3243
Schnitt Punkte/GP	5,35
Schnitt Startplätze	8,10
F1-Debüt	GP Bahrain 2006
1. WM-Punkt	GP Bahrain 2006 (1. GP, P7 = 2 Punkte)
1. GP-Sieg	GP China 2012 (111. GP)

FORMEL 1-KARRIERE

Jahr	Team	Platz	Punkte
2006	Williams	17	4
2007	Williams	9	20
2008	Williams	13	17
2009	Williams	7	34,5
2010	Mercedes	7	142
2011	Mercedes	7	89
2012	Mercedes	9	93
2013	Mercedes	6	171
2014	Mercedes	2	317

Mercedes ist der haushohe Favorit auf den WM-Titel. Alles andere als eine Fortsetzung des Titelrennens zwischen Lewis Hamilton und Nico Rosberg wäre eine Überraschung. Weil Mercedes auf einem riesigen technischen Vorsprung aufbauen kann. Deshalb haben die Titelverteidiger das Risiko minimiert. Der Motor ist zwar eine totale Neukonstruktion, doch er baut auf den guten Eigenschaften seines Vorgängers auf. Sechs Testtage lang hielten Kolbenprobleme Mercedes in Atem. Dann hatte man die Lösung. Das Auto sieht aus wie eine Kompaktversion des 2014er Modells. Die Nase schlanker und kantiger, die Seitenkästen kleiner, das Heck schmaler. „Eine Evolution mit kleinen Revolutionen unter der Außenhaut", urteilt

STAMMDATEN

- WM-Titel: **3/3**
- F1-Debüt: **GP Frankreich 1954**
- Angestellte: **750**
- WM-Starts: **108**
- GP-Siege: **29**
- Punkte: **1721,2**

TECHNIK

Auto	Mercedes AMG W06
Getriebe	Mercedes, 8-Gang, Karbon
Kraftstoff	Petronas
Felgen	BBS
ERS	Mercedes
Windkanal	Brackley, 60%
Motor	Mercedes PU106B V6-Turbo
Leistung	750-860 PS bei 15 000/min

▶ Mercedes ▶ Brackley
▶ UK-Northamptonshire NN13 78D ▶ www.mercedes-amg-f1.com/de

Evolution statt Revolution: Mercedes baut auf Weltmeisterauto auf

Technikchef Paddy Lowe. Die meiste Arbeit wurde in das Kühlkonzept investiert. Im Vorjahr ein Schwachpunkt, genauso wie die Zuverlässigkeit. „Wir müssen von 84 auf 92 Prozent Ankunftsquote kommen", fordert Niki Lauda. Sein Wunsch war den Ingenieuren Befehl. Das neue Auto lief beim ersten Test wie ein Uhrwerk und spulte sieben Renndistanzen ab. Mercedes übte am ersten Tag bereits Boxenstopps. Man fuhr auch aus politischen Gründen mit angezogener Handbremse. Setzt sich die Überlegenheit fort, wird der Wunsch der anderen nach neuen Regeln noch größer. Rosberg fordert Hamilton heraus: „Ich fühle mich stärker denn je." Doch Hamilton fährt mit dem Weltmeister-Bonus. „Er wird schwer zu schlagen sein", urteilt Martin Brundle.

PERSONAL

Teamchef	Toto Wolff
Technischer Direktor	Paddy Lowe
Chefdesigner	Aldo Costa
Projektleiter	Geoff Willis
Chef CFD	Gerald Murphy
Aerodynamikchef	Mike Elliott
Aufsichtsratchef	Niki Lauda
Teammanager	Ron Meadows
Ingenieur Hamilton	Pete Bonnington
Ingenieur Rosberg	Tony Ross

INTERNET

www.auto-motor-und-sport.de/formel1

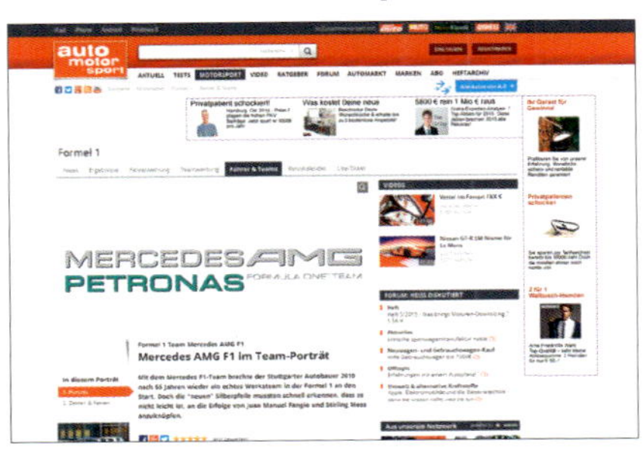

44 Lewis Hamilton (GB)

PERSÖNLICHE DATEN

Geboren	7. Januar 1985 in Tewin
Wohnort	Monte Carlo (MC)
Größe	1,74 m
Gewicht	68 kg
Familienstand	ledig
Internet	www.lewishamilton.com

ERFOLGE

Rennen	148
WM-Punkte	1486
GP-Siege	33
Pole-Positions	38
Schnellste Runden	20
Führungskilometer	9241
Schnitt Punkte/GP	10,04
Schnitt Startplätze	4,53
F1-Debüt	GP Australien 2007
1. WM-Punkt	GP Australien 2007 (1. GP, P3 = 6 Punkte)
1. GP-Sieg	GP Kanada 2007 (6. GP)

FORMEL 1-KARRIERE

Jahr	Team	Platz	Punkte
2007	McLaren	2	109
2008	McLaren	1	98
2009	McLaren	5	49
2010	McLaren	4	240
2011	McLaren	5	227
2012	McLaren	4	190
2013	Mercedes	4	189
2014	Mercedes	1	384

Red Bull-Renault

3 Daniel Ricciardo (AUS)

PERSÖNLICHE DATEN

Geboren	1. Juli 1989 in Perth
Wohnort	Milton Keynes (GB)
Größe	1,79 m
Gewicht	70 kg
Familienstand	ledig
Internet	www.danielricciardo.com

ERFOLGE

Rennen	69
WM-Punkte	268
GP-Siege	3
Pole-Positions	0
Schnellste Runden	1
Führungskilometer	410
Schnitt Punkte/GP	3,88
Schnitt Startplätze	12,46
F1-Debüt	GP England 2011
1. WM-Punkt	GP Australien 2012 (12. GP, P9 = 2 Punkte)
1. GP-Sieg	GP Kanada (57. GP)

FORMEL 1-KARRIERE

Jahr	Team	Platz	Punkte
2011	Hispania	20	0
2012	Toro Rosso	18	10
2013	Toro Rosso	14	20
2014	Red Bull	3	238

Der neue Red Bull RB11 ist Adrian Neweys letztes Werk. Vorerst. Bis dem Stardesigner langweilig wird in seinem selbst gewählten Halbtagesjob. Newey kümmert sich künftig zu 50 Prozent um andere Projekte. Zum Beispiel um den Bau einer Yacht für den America's Cup. Seine Aufgaben werden nun viergeteilt. Zwischen Rob Marshall, Pierre Waché, Paul Monaghan und Dan Fallows. Das neue Auto trat bei den Testfahrten im Tarnlook an. Damit man seine Geheimnisse schlechter entschlüsseln kann. Eines ist bereits bekannt. Die Nase wird noch kürzer. Renault hat seinem Werks-Partner 40 PS mehr Power versprochen. Allerdings gab es erneut Probleme mit der Standfestigkeit und Fahrbarkeit. Beim GP Spanien legt der neue Partner Ilmor

STAMMDATEN

- WM-Titel: **4/4**
- F1-Debüt: **GP Australien 2005**
- Angestellte: **670**
- WM-Starts: **184**
- GP-Siege: **50**
- Punkte: **2865,5**

TECHNIK

Auto	Red Bull RB11
Getriebe	Red Bull, 8-Gang, Karbon
Kraftstoff	Total
Felgen	O.Z.
ERS	Red Bull, Renault
Windkanal	Bedford, 60%
Motor	Renault EF1-2015-V6 Turbo
Leistung	750-840 PS bei 15 000/min

▶ Red Bull Racing ▶ Bradbourne Drive
▶ UK-Milton Keynes MK14 88J ▶ www.redbullracing.com

Geheimniskrämer Newey freute sich über den Tarnlook seines Red Bull. So blieb alles geheim

einen neu entwickelten Zylinderkopf drauf. Der Turbolader kommt weiter von APC. Um die Elektromaschinen und Batterien kümmert sich jetzt auch Red Bull. Das treibt das Budget nach oben. Daniel Ricciardo ist die neue Speerspitze im Team. Der Australier ist im letzten Jahr zum Siegfahrer gereift. Auf Neuzugang Daniil Kvyat lastet ein hoher Erwartungsdruck. Er soll dem Beispiel Ricciardo folgen. Doch schon in seiner ersten Testrunde feuerte der Russe das Auto von der Strecke. Das bedingte einen Tag Testpause. Teamberater Helmut Marko zog seinem Schützling gleich die Ohren lang. Er weiß, was auf dem Spiel steht. Wenn Kvyat versagt, werden bestimmt bald Stimmen laut, dass man besser Alonso als Vettel-Ersatz an Bord geholt hätte.

PERSONAL

Teamchef	Christian Horner
Technischer Direktor	Adrian Newey
Cefdesigner	Rob Marshall
Teamberater	Dr. Helmut Marko
Aerodynamikchef	Dan Fallows
Chef Fahrdynamik	Pierre Waché
Chefingenieur	Paul Monaghan
Motorenchef	Rob White
Teammanager	Jonathan Wheatley
Ingenieur Kvyat	Gianpiero Lambiase
Ingenieur Ricciardo	Simon Rennie

INTERNET

www.auto-motor-und-sport.de/formel1

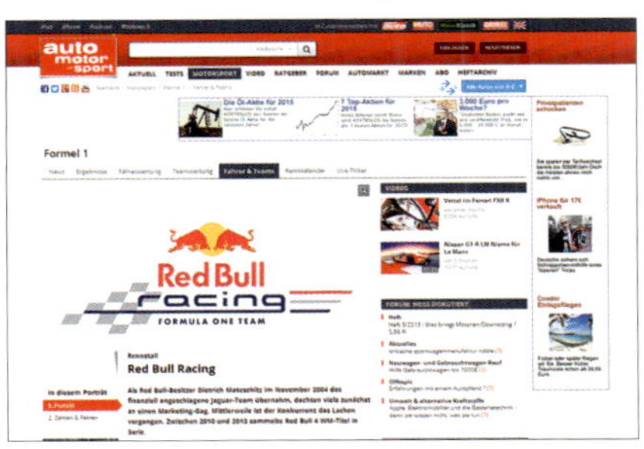

26 Daniil Kvyat (RUS)

PERSÖNLICHE DATEN

Geboren	26. April 1994 in Ufa
Wohnort	Rom (I)
Größe	1,81 m
Gewicht	64 kg
Familienstand	ledig
Internet	www.redbull.com/daniilkvyat

ERFOLGE

Rennen	19
WM-Punkte	8
GP-Siege	0
Pole-Positions	0
Schnellste Runden	0
Führungskilometer	0
Schnitt Punkte/GP	0,42
Schnitt Startplätze	11,16
F1-Debüt	GP Australien 2014
1. WM-Punkt	GP Australien 2014 (P9 = 2 Punkte)
1. GP-Sieg	-

FORMEL 1-KARRIERE

Jahr	Team	Platz	Punkte
2014	ToroRosso	15	8

Williams-Mercedes

19 Felipe Massa (BR)

PERSÖNLICHE DATEN

Geboren	25. April 1981 in Sao Paulo
Wohnort	Monte Carlo (MC), Sao Paulo (BR)
Größe	1,66 m
Gewicht	59 kg
Familienstand	verheiratet mit Anna Raffaela, 1 Sohn
Internet	www.felipemassa.com

ERFOLGE

Rennen	210
WM-Punkte	950
GP-Siege	11
Pole-Positions	16
Schnellste Runden	15
Führungskilometer	4430
Schnitt Punkte/GP	4,52
Schnitt Startplätze	8,18
F1-Debüt	GP Australien 2002
1. WM-Punkt	GP Malaysia 2002 (2. GP, P6 = 1 Punkt)
1. GP-Sieg	GP Türkei 2006 (68. GP)

FORMEL 1-KARRIERE

Jahr	Team	Platz	Punkte
2002	Sauber	13	4
2004	Sauber	12	12
2005	Sauber	13	11
2006	Ferrari	3	80
2007	Ferrari	4	94
2008	Ferrari	2	97
2009	Ferrari	11	22
2010	Ferrari	6	144
2011	Ferrari	6	118
2012	Ferrari	7	122
2013	Ferrari	8	112
2014	Williams	7	134

Das Saisonziel ist keine fixe Platzierung. Der WM-Dritte will sich nur in der Spitzengruppe konsolidieren, in die man 2014 wie Phoenix aus der Asche gesprungen war. „Wenn dabei ein vierter Platz rausspringt, wäre es auch nicht tragisch", sagt Technikdirektor Pat Symonds. Die Ingenieure bauten auf den Werten des Vorjahresautos auf. Das waren ein exzellenter Topspeed, gute Bremsstabilität, eine passable Traktion. Die größte Baustelle war der Abtrieb. Die Zeit, die das Auto auf den Geraden gewann, wurde in den Kurven wieder verspielt. Felipe Massa notierte nach den ersten Testfahrten zufrieden: „Es ist mehr Abtrieb da, und er ist besser verteilt." Dafür machte Williams Überstunden im Windkanal und beim Crashtest. „Wir

STAMMDATEN

- WM-Titel: **7/9**
- F1-Debüt: **GP England 1972**
- Angestellte: **570**
- WM-Starts: **681**
- GP-Siege: **114**
- Punkte: **3081**

TECHNIK

Auto	Williams FW37
Getriebe	Williams, 8-Gang, Alu/Titan
Kraftstoff	Mercedes
Felgen	Rays
ERS	Mercedes
Windkanal	Grove, 60%
Motor	Mercedes PU106B V6-Turbo
Leistung	750-860 PS bei 15 000/min

Der FW37 ist ein besserer FW36. Mit der kürzesten Nase der Teamhistorie

konnten den Abtriebsverlust durch die neue Nasenregel nur mit einer kurzen Nase auffangen. Und die hat den Crashtest erst im vierten Anlauf bestanden. Es ist die kürzeste Nase der Firmengeschichte", verrät Symonds. Williams muss nach dem Verlust des venezolanischen Ölkartells PDVSA die Gürtel enger schnallen. Der neue Sponsor Rexona konnte die Lücke nicht ganz schließen. Mit Massa und Bottas hat man einen guten Mix aus jung und alt im Cockpit. Auf Valtteri Bottas hat aber schon Ferrari ein Auge geworfen. Symonds weiß warum: „Der Junge erinnert mich an den jungen Schumacher und Alonso. Er ist absolut auf ein Ziel fixiert. Und das heißt WM-Titel." Massa will 2015 endlich wieder gewinnen. Zum ersten Mal seit Brasilien 2008.

PERSONAL

Teamchef	Frank Williams
Technischer Direktor	Pat Symonds
Chefdesigner	Ed Wood
Chefingenieur	Jakob Andreasen
Aerodynamikchef	Jason Somerville
Chef Renneinsatz	Rod Nelson
Geschäftsführer	Mike O'Driscoll
Teammanager	Steve Nielsen
Ingenieur Massa	Andrew Murdoch
Ingenieur Bottas	Jonathan Eddolls

INTERNET

www.auto-motor-und-sport.de/formel1

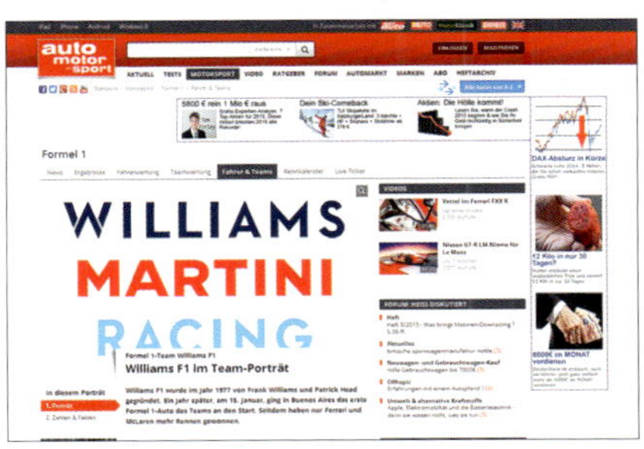

77 Valtteri Bottas (FIN)

PERSÖNLICHE DATEN

Geboren	28. August 1989 in Villähde
Wohnort	Monte Carlo (MC)
Größe	1,73 m
Gewicht	70 kg
Familienstand	ledig
Internet	www.bottasvaltteri.com

ERFOLGE

Rennen	38
WM-Punkte	190
GP-Siege	0
Pole-Positions	0
Schnellste Runden	1
Führungskilometer	20
Schnitt Punkte/GP	5,00
Schnitt Startplätze	10,55
F1-Debüt	GP Australien 2013
1. WM-Punkt	GP USA 2013 (18.GP, P8 = 4 Punkte)
1. GP-Sieg	–

FORMEL 1-KARRIERE

Jahr	Team	Platz	Punkte
2013	Williams	17	4
2014	Williams	4	186

Ferrari

5 Sebastian Vettel (D)

PERSÖNLICHE DATEN

Geboren	3. Juli 1987 in Heppenheim
Wohnort	Ellighausen (CH)
Größe	1,76 m
Gewicht	63 kg
Familienstand	ledig, eine Tochter
Internet	www.sebastianvettel.com

ERFOLGE

Rennen	139
WM-Punkte	1618
GP-Siege	39
Pole-Positions	45
Schnellste Runden	25
Führungskilometer	12 885
Schnitt Punkte/GP	11,64
Schnitt Startplätze	5,32
F1-Debüt	GP USA 2007
1. WM-Punkt	GP USA 2007 (1. GP, P8 = 1 Punkt)
1. GP-Sieg	GP Italien 2008 (22. GP)

FORMEL 1-KARRIERE

Jahr	Team	Platz	Punkte
2007	BMW, ToroRosso	14	6
2008	ToroRosso	8	35
2009	Red Bull	2	84
2010	Red Bull	1	256
2011	Red Bull	1	392
2012	Red Bull	1	281
2013	Red Bull	1	397
2014	Red Bull	5	167

Ferrari hat sein Team umgekrempelt. Die Schlüsselpositionen sind mit einer Ausnahme neu besetzt. „Die Konstanz beginnt bei uns in der zweiten Reihe", wehrt der neue Teamchef Maurizio Arrivabene ab. Der 57-jährige Italiener war früher Manager bei Philip Morris. Er ersetzt Marco Mattiacci, der nur 220 Tage im Amt war. Nur Technikdirektor James Allison behielt seinen Job. Und mit ihm sein Chefaerodynamiker Dirk de Beer. Beide waren im August 2013 nach Maranello gekommen. Allison hat jetzt sogar den Oberbefehl über Auto und Motor. Der SF15-T ist der erste Ferrari komplett aus seiner Hand. Aerodynamisch und mechanisch ein deutlicher Fortschritt. „In fast allen Bereichen besser als das Vorjahresauto, vor allem denen, die unsere

STAMMDATEN

- WM-Titel: **15/16**
- F1-Debüt: **GP Monaco 1950**
- Angestellte: **800**
- WM-Starts: **889**
- GP-Siege: **221**
- Punkte: **6741,2**

TECHNIK

Auto	Ferrari SF15-T
Getriebe	Ferrari, 8-Gang, Karbon
Kraftstoff	Shell
Felgen	BBS
ERS	Ferrari
Windkanal	Maranello, 60%
Motor	Ferrari 059/4 V6-Turbo
Leistung	750-840 PS bei 15 000/min

▶ Ferrari SpA ▶ Via Alberto Ascari 55-57
▶ I-47053 Maranello (MO) ▶ www.ferrari.it

Zum ersten Mal trägt ein Ferrari die Handschrift von Allison. Er lief auf Anhieb gut

Schwachstellen waren", lobt Kimi Räikkönen. Unter Motorenchef Lorenzo Sassi wurden die gröbsten Fehler des V6-Turbos ausgemerzt. Der Auspuff ist besser verpackt, der Turbolader größer. Dank einer Regeländerung legt Ferrari im Laufe der Saison mehrfach nach. Der wahre Capo ist Fiat-Boss Sergio Marchionne. Der sagt: „Zwei Siege wären ein Erfolg, drei ein Triumph. Bei vier wären wir im siebten Himmel." Sebastian Vettel fühlt sich bei Ferrari wie im Spielzeugladen. Er saugt den Mythos und die Historie förmlich in sich auf. „Doch davon allein können wir nicht leben", warnt er. Erstes Fazit: „Das neue Auto ist eine gute Basis. Es fühlt sich auf Anhieb gut an." Teamkollege Räikkönen stimmt zu. Und er hat einen Vergleichsmaßstab.

PERSONAL

Teamchef	Maurizio Arrivabene
Technischer Direktor	James Allison
Chefdesigner	Simone Resta
Projektleiter 2015	Fabio Montecchi
Aerodynamikchefs	Dirk de Beer, Loic Bigois
Strategiechef	Neil Martin
Motorenchef	Lorenzo Sassi
Chefingenieur	Antonio Spagnolo
Teammanager	Massimo Rivola
Ingenieur Vettel	Ricardo Adami
Ingenieur Räikkönen	Dave Greenwood

INTERNET

www.auto-motor-und-sport.de/formel1

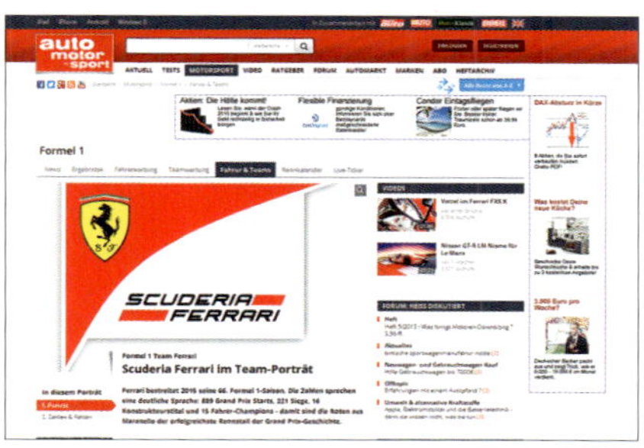

7 Kimi Räikkönen (FIN)

PERSÖNLICHE DATEN

Geboren	17. Oktober 1979 in Espoo
Wohnort	Baar (CH)
Größe	1,75 m
Gewicht	70 kg
Familienstand	ledig, 1 Sohn
Internet	www.kimiraikkonen.com

ERFOLGE

Rennen	212
WM-Punkte	1024
GP-Siege	20
Pole-Positions	16
Schnellste Runden	40
Führungskilometer	5905
Schnitt Punkte/GP	4,83
Schnitt Startplätze	6,95
F1-Debüt	GP Australien 2001
1. WM-Punkt	GP Australien 2001 (1. GP, P6 = 1 Punkt)
1. GP-Sieg	GP Malaysia 2003 (36. GP)

FORMEL 1-KARRIERE

Jahr	Team	Platz	Punkte
2001	Sauber	10	9
2002	McLaren	6	24
2003	McLaren	2	91
2004	McLaren	7	45
2005	McLaren	2	112
2006	McLaren	5	65
2007	Ferrari	1	110
2008	Ferrari	3	75
2009	Ferrari	6	48
2012	Lotus	3	207
2013	Lotus	5	183
2014	Ferrari	12	55

McLaren-Honda

14 Fernando Alonso (E)

PERSÖNLICHE DATEN

Geboren	29. Juli 1981 in Oviedo
Wohnort	Dubai (VAE), Oviedo (E)
Größe	1,71 m
Gewicht	68 kg
Familienstand	ledig
Internet	www.fernandoalonso.com

ERFOLGE

Rennen	235
WM-Punkte	1767
GP-Siege	32
Pole-Positions	22
Schnellste Runden	21
Führungskilometer	8637
Schnitt Punkte/GP	7,52
Schnitt Startplätze	6,92
F1-Debüt	GP Australien 2001
1. WM-Punkt	GP Australien 2003 (18. GP, P7 = 2 Punkte)
1. GP-Sieg	GP Ungarn 2003 (30. GP)

FORMEL 1-KARRIERE

Jahr	Team	Platz	Punkte
2001	Minardi	19	0
2003	Renault	6	55
2004	Renault	4	59
2005	Renault	1	133
2006	Renault	1	134
2007	McLaren	3	109
2008	Renault	5	61
2009	Renault	9	26
2010	Ferrari	2	252
2011	Ferrari	4	257
2012	Ferrari	2	278
2013	Ferrari	2	242
2014	Ferrari	6	161

Das Projekt legte einen grandiosen Fehlstart hin. McLaren-Honda bewegte sich beim ersten Wintertest auf der Kriechspur. Nur 1751 Testkilometer an zwölf Tagen, dazu acht Technikpannen. Der neue Honda V6-Turbo hatte zuerst die Elektronikseuche, dann Ärger mit den Elektromotoren. „Alles kleine Probleme", beschwichtigt Honda-Berater Gilles Simon, gibt aber zu: „Solange wir nicht mit Rennspeed fahren, wissen wir nicht, ob unser Motor gravierende Probleme hat." Sie kamen beim zweiten Test in Form von einer Kers-Seuche hinzu. McLaren hat nach eigenen Angaben ein extremes Auto gebaut. Hinten extrem niedrig und schlank. Es trägt die Handschrift des früheren Red Bull-Aerodynamikers Peter Prodromou. Eine

STAMMDATEN

WM-Titel: **12/8**

F1-Debüt: **GP Monaco 1966**

Angestellte: **600**

WM-Starts: **761**

GP-Siege: **182**

Punkte: **5308,5**

TECHNIK

Auto	McLaren MP4-30
Getriebe	McLaren, 8-Gang, Karbon
Kraftstoff	Mobil
Felgen	Enkei
ERS	Mercedes
Windkanal	Köln, 60%
Motor	Honda RA615H V6-Turbo
Leistung	700-830 PS bei 15 000/min

▶ McLaren International Ltd ▶ Technology Centre, Woking
▶ UK-Surrey GU21 4YH ▶ www.mclaren.com

Zu anfällig, zu langsam: Der neue McLaren-Honda legte in Jerez einen Fehlstart hin

gewisse Ähnlichkeit mit dem Red Bull ist deshalb nicht verwunderlich. Im Cockpit ist McLaren erstklassig besetzt. Fernando Alonso und Jenson Button bringen die Erfahrung von 500 GP-Starts und 47 GP-Siegen mit. Doch in Alonsos Ungeduld liegt auch das größte Risiko. Der Spanier will endlich wieder gewinnen. Ein schwerer Testunfall zwang ihn dazu, den Start in Melbourne abzusagen. Teamchef Ron Dennis kann zur Zeit nur in Erinnerungen schwelgen. McLaren-Honda war zwischen 1988 und 1992 eine der erfolgreichsten Partnerschaften im Motorsport. Und an die will Dennis anknüpfen. Trotz des großen Namens docken bei McLaren keine großen Geldgeber mehr an. McLaren ruft zu hohe Preise auf. Honda muss die Zeche bezahlen.

PERSONAL

Teamchef	Ron Dennis
Sportdirektor	Eric Boullier
Technischer Direktor	Tim Goss
Cefdesigner	Neil Oatley, Mark Williams
Aerodynamikchef	Peter Prodromou
Chef Renneinsatz	Matt Morris
Geschäftsführer	Jonathan Neale
Teammanager	Dave Redding
Ingenieur Button	Dave Robson
Ingenieur Alonso	Andrea Stella

INTERNET

www.auto-motor-und-sport.de/formel1

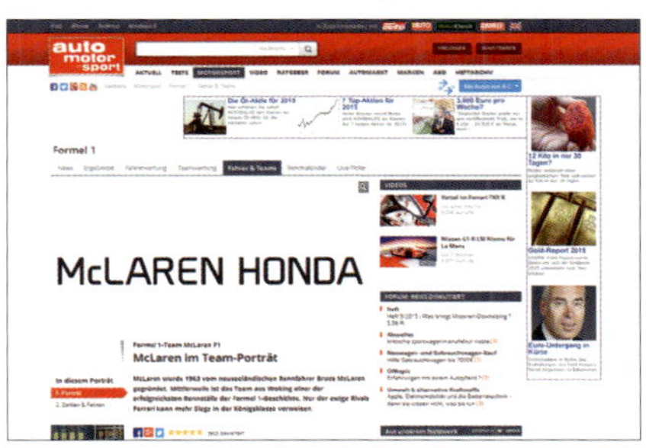

22 Jenson Button (GB)

PERSÖNLICHE DATEN

Geboren	19. Januar 1980 in Frome
Wohnort	Monte Carlo (MC)
Größe	1,83 m
Gewicht	69 kg
Familienstand	ledig
Internet	www.jensonbutton.com

ERFOLGE

Rennen	266
WM-Punkte	1198
GP-Siege	15
Pole-Positions	8
Schnellste Runden	8
Führungskilometer	3886
Schnitt Punkte/GP	4,50
Schnitt Startplätze	9,29
F1-Debüt	GP Australien 2000
1. WM-Punkt	GP Brasilien 2000 (2. GP, P6 = 1 Punkt)
1. GP-Sieg	GP Ungarn 2006 (113. GP)

FORMEL 1-KARRIERE

Jahr	Team	Platz	Punkte
2000	Williams	8	12
2001	Benetton	17	2
2002	Renault	7	14
2003	BAR	9	17
2004	BAR	3	85
2005	BAR	9	37
2006	Honda	6	56
2007	Honda	15	6
2008	Honda	18	3
2009	BrawnGP	1	95
2010	McLaren	5	214
2011	McLaren	2	270
2012	McLaren	5	188
2013	McLaren	9	73
2014	McLaren	8	126

Force India-Mercedes

27 Nico Hülkenberg (D)

PERSÖNLICHE DATEN

Geboren	19. August 1987 in Emmerich
Wohnort	Konstanz (CH)
Größe	1,84 m
Gewicht	74 kg
Familienstand	ledig
Internet	www.nico-huelkenberg.com

ERFOLGE

Rennen	76
WM-Punkte	232
GP-Siege	0
Pole-Positions	1
Schnellste Runden	1
Führungskilometer	194
Schnitt Punkte/GP	3,05
Schnitt Startplätze	10,82
F1-Debüt	GP Bahrain 2010
1. WM-Punkt	GP Malaysia 2010 (3. GP, P10 = 1 Punkt)
1. GP-Sieg	–

FORMEL 1-KARRIERE

Jahr	Team	Platz	Punkte
2010	Williams	14	22
2012	Force India	11	63
2013	Sauber	10	51
2014	Force India	9	96

Der Saisonstart ging gründlich in die Hose. Beim ersten Test in Jerez fehlte Force India. Auch für den zweiten war das neue Auto nicht fertig. Der VJM08 erschien erst fünf vor Zwölf. Weil das neue Chassis 36 Tage zu spät fertig wurde, der Tank nicht rechtzeitig eintraf und der Umzug in den Winkanal von Toyota die Aerodynamik-Entwicklung verzögerte. Eine Mischung aus verspäteten Zahlungen und Problemen bei den Zulieferern führte zu dem Verzug. Force India erhält in diesem Jahr für den sechsten Platz 2014 zwar 65 Millionen Dollar von Bernie Ecclestone, doch die erste Rate traf erst im Februar ein. Die neuen mexikanischen Sponsoren steuern weitere 30 Millionen Dollar zum Etat bei. Teambesitzer Vijay Mallya kann aber wegen

STAMMDATEN

- WM-Titel: **0/0**
- F1-Debüt: **GP Australien 2008**
- Angestellte: **380**
- WM-Starts: **131**
- GP-Siege: **0**
- Punkte: **491**

TECHNIK

Auto	Force India VJM 08
Getriebe	Mercedes, 8-Gang, Karbon
Kraftstoff	Petronas
Felgen	Motegi Racing
ERS	Mercedes
Windkanal	Köln, 50/60%
Motor	Mercedes PU106B V6-Turbo
Leistung	750-860 PS bei 15 000/min

Spätstarter: Der neue Force India erschien erst zum letzten Test

finanzieller Probleme seiner Firmen in Indien nicht mehr so über sein Geld verfügen wie in den letzten Jahren. Nico Hülkenberg und Sergio Perez blieben nur drei Testtage in Barcelona, um sich auf die Saison vorzubereiten. Im hart umkämpften Mittelfeld ein großes Handikap. Wie bei ToroRosso ist auch bei Force India der fünfte Platz erklärtes Saisonziel. Technikchef Andy Green ist überzeugt, dass er im Windkanal von Toyota ein besseres Auto bauen kann. Der VJM08 wurde noch im 50-Prozent-Maßstab gestestet. Spätestens im April soll auf 60 Prozent-Modelle umgestellt werden. Greens neuer Aerodynamikchef, der von Red Bull kam, will beim GP England ein neues Auto präsentieren: „Mit einer völlig neuen Aerodynamik-Philosophie“

PERSONAL

Teamchef	Vijay Mallya
Sportdirektor	Otmar Szafnauer
Technischer Direktor	Andy Green
Chefdesigner	Akio Haga, Ian Hall
Aerodynamikchef	Simon Phillips
Chef Renneinsatz	Tom McCullough
Geschäftsführer	Bob Fernley
Teammanager	Andy Stevenson
Ingenieur Hülkenberg	Bradley Joyce
Ingenieur Perez	Tim Wright

INTERNET

www.auto-motor-und-sport.de/formel1

11 Sergio Perez (MEX)

PERSÖNLICHE DATEN

Geboren	26. Dezember 1985 in Guadalajara
Wohnort	Monte Carlo (MC)
Größe	1,73 m
Gewicht	70 kg
Familienstand	ledig
Internet	www.sergioperez.com

ERFOLGE

Rennen	85
WM-Punkte	188
GP-Siege	0
Pole-Positions	0
Schnellste Runden	3
Führungskilometer	115
Schnitt Punkte/GP	2,51
Schnitt Startplätze	12,28
F1-Debüt	GP Australien 2011
1. WM-Punkt	GP Spanien 2011 (5. GP, P9 = 2 Punkte)
1. GP-Sieg	–

FORMEL 1-KARRIERE

Jahr	Team	Platz	Punkte
2011	Sauber	16	14
2012	Sauber	10	66
2013	McLaren	11	49
2014	Force India	10	59

ToroRosso-Renault

33 Max Verstappen (NL)

PERSÖNLICHE DATEN

Geboren	30. September 1997 in Hasselt
Wohnort	Hasselt (B)
Größe	1,80 m
Gewicht	67 kg
Familienstand	ledig
Internet	www.verstappen.nl

ERFOLGE

Rennen	0
WM-Punkte	0
GP-Siege	0
Pole-Positions	0
Schnellste Runden	0
Führungskilometer	0
Schnitt Punkte/GP	0
Schnitt Startplätze	0
F1-Debüt	GP Australien 2015
1. WM-Punkt	–
1. GP-Sieg	–

FORMEL 1-KARRIERE

Jahr	Team	Platz	Punkte
F1-Debütant			

Teamchef Franz Tost ist ein Freund klarer Ansagen. Bei der Präsentation des neuen STR10 erklärte der Österreicher: „Das ist der beste ToroRosso, den wir je gebaut haben. Er sieht sauber und schön aus, und ich bin mir sicher, er ist auch schnell." Tost nennt auch ohne Umschweife das Saisonziel: „Wir wollen auf Platz fünf landen." Mutig, mutig für einen, der von Rang sieben kommt. Mit 125 Punkten Rückstand auf den WM-Sechsten Force India. „Der Punktestand verzerrt das Bild. Vom Speed her waren wir 2014 viel näher dran an unseren Mitbewerbern", erklärt Technikdirektor James Key. Die Trainingsergebnisse geben dem Engländer Recht. Doch ToroRosso verspielte im letzten Jahr viele Vorschusslorbeeren im Rennen. Was auch an der Uner-

STAMMDATEN

- WM-Titel: **0/0**
- F1-Debüt: **GP Bahrain 2006**
- Angestellte: **390**
- WM-Starts: **166**
- GP-Siege: **1**
- Punkte: **199**

TECHNIK

Auto	ToroRosso STR10
Getriebe	Red Bull,8-Gang, Karbon
Kraftstoff	Total
Felgen	AppTech
ERS	Renault
Windkanal	Bicester, 50%
Motor	Renault EF1-2015-V6 Turbo
Leistung	750-840 PS bei 15 000/min

▶ Scuderia ToroRosso ▶ Via Spallanzani , 41
▶ I-48013 Faenza ▶ www.tororosso.com

Das größte Fragezeichen sind die Fahrer. Verstappen und Sainz haben null Erfahrung

fahrenheit seiner Piloten lag. Dabei hatte man im letzten Jahr mit Jean-Eric Vergne noch eine feste Größe an Bord. Diesmal sind mit dem 17-jährigen Max Verstappen und dem 20-jährigen Carlos Sainz junior zwei absolute Grünschnäbel am Start. „Sie fahren seit über zehn Jahren Rennen, haben also genug Erfahrung", widerspricht Teamchef Tost. Damit die Youngster auch im Formel 1-Auto Kilometer sammeln können, baute ToroRosso einen Testträger. Mit langer Nase und noch reichlich voluminösen Seitenkästen. Auf dem Plan standen aber längst eine kurze Nase und enger anliegende Seitenkästen. Die Nase musste aber erst einmal den Crashtest bestehen. Key ist zuversichtlich wie sein Chef: „Die Entwicklung ist im Haus besser vernetzt."

PERSONAL

Teamchef	Franz Tost
Technischer Direktor	James Key
Cefdesigner	Paolo Marabini
Aerodynamikchef	Brendon Gilhome
Entwicklungschef	Matteo Baccini
Teammanager	Graham Watson
Chef Renneinsatz	Phil Charles
Fahrwerkschef	Jody Eggington
Ingenieur Verstappen	Xevi Pujolar
Ingenieur Sainz	Marco Matassa

INTERNET

www.auto-motor-und-sport.de/formel1

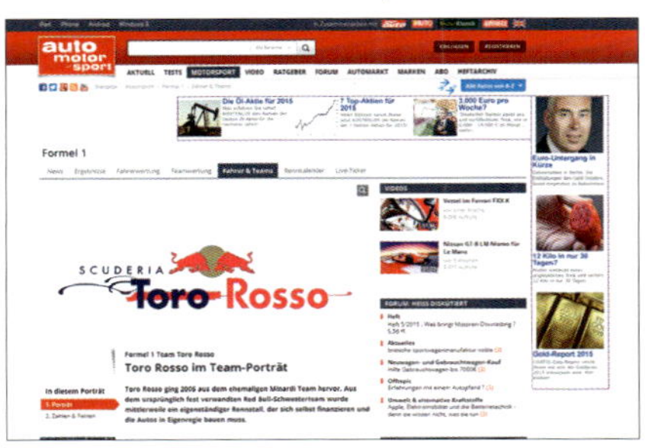

55 Carlos Sainz junior (E)

PERSÖNLICHE DATEN

Geboren	1. September 1994 in Madrid
Wohnort	Madrid (E)
Größe	1,77 m
Gewicht	66 kg
Familienstand	ledig
Internet	www.carlossainz.es

ERFOLGE

Rennen	0
WM-Punkte	0
GP-Siege	0
Pole-Positions	0
Schnellste Runden	0
Führungskilometer	0
Schnitt Punkte/GP	0
Schnitt Startplätze	0
F1-Debüt	GP Australien 2015
1. WM-Punkt	-
1. GP-Sieg	-

FORMEL 1-KARRIERE

Jahr	Team	Platz	Punkte
F1-Debütant			

Lotus-Mercedes

8 Romain Grosjean (F)

PERSÖNLICHE DATEN

Geboren	17. April 1986 in Genf
Wohnort	Genf (CH), Paris (F)
Größe	1,80 m
Gewicht	65 kg
Familienstand	verheiratet mit Marion, ein Sohn
Internet	www.romaingrosjean.com

ERFOLGE

Rennen	64
WM-Punkte	236
GP-Siege	0
Pole-Positions	0
Schnellste Runden	1
Führungskilometer	219
Schnitt Punkte/GP	3,69
Schnitt Startplätze	10,75
F1-Debüt	GP Europa 2009
1. WM-Punkt	GP China 2012 (10. GP, P6 = 8 Punkte)
1. GP-Sieg	–

FORMEL 1-KARRIERE

Jahr	Team	Platz	Punkte
2009	Renault	20	0
2012	Lotus	8	96
2013	Lotus	7	132
2014	Lotus	14	8

Lotus fiel 2014 vom vierten auf den achten Platz in der Konstrukteurswertung. Oder von 315 auf 10 Punkte. Das revolutionäre Konzept mit der Nase mit den zwei ungleich langen Säbelzähnen war ein Flop. Außerdem litt das Team das ganze Jahr an einer fehlerhaften Installation der Renault-Antriebsquelle. Mit 14 Defekten war Lotus einsames Schlusslicht. Damit soll nach Willen von Teamchef Gérard Lopez Schluss sein. Die Ingenieure besannen sich wieder auf alte Werte und bauten mit dem E23 ein Mainstream-Auto. Die Revolutionen halten sich in Grenzen. Wie Mercedes hat es Lotus geschafft, mit einer nur 85 Zentimeter langen Nase den Crashtest zu bestehen. Und die Aufhängung wurde so gebaut, dass der Verlust des mittlerweile verbo-

STAMMDATEN

- WM-Titel: **6/7**
- F1-Debüt: **GP Monaco 1958**
- Angestellte: **420**
- WM-Starts: **587**
- GP-Siege: **81**
- Punkte: **2141,7**

TECHNIK

Auto	Lotus E23
Getriebe	Lotus, 8-Gang, Titan
Kraftstoff	Total
Felgen	O.Z.
ERS	Mercedes
Windkanal	Enstone, 60%
Motor	Mercedes PU106B-V6-Turbo
Leistung	750-860 PS bei 15 000/min

Nach Risiko wieder bewährte Technik: Der neue Lotus ist konventionell und einfach zu fahren

tenen Fric-Systems kompensiert wurde. „Das Auto ist wieder einfach zu fahren und einfach abzustimmen. So wie 2012 und 2013", freut sich Lopez. Der Wechsel von Renault- zu Mercedes-Motoren soll mindestens eine halbe Sekunde wert sein. Ein teuer erkaufter Tausch. Lotus musste sich bei Renault mit rund 20 Millionen Euro freikaufen. Und das Mercedes-Paket kostet 19 Millionen. Doch die Aussicht auf 60 PS mehr und zehn Kilogramm weniger rechtfertigen jede Investition. Die Fahrer blieben gleich. Mit Romain Grosjean und Pastor Maldonado kommen auch rund 70 Millionen Euro Sponsorgeld ins Team. Grosjean kann nach einem Jahr Flaute wieder lachen. Nach der ersten Testwoche in Jerez strahlte der Franzose: „Jetzt macht Rennfahren wieder Spaß."

PERSONAL

Teambesitzer	Gérard Lopez
Teamchef	Matthew Carter
Sportdirektor	Federico Gastaldi
Technischer Direktor	Nick Chester
Chefdesigner	Martin Tolliday
Aerodynamikchef	Nicolas Hennel
Chefingenieur	Alan Permane
Teammanager	Paul Seaby
Ingenieur Maldonado	Mark Slade
Ingenieur Grosjean	Julien Chautemps

INTERNET

www.auto-motor-und-sport.de/formel1

13 Pastor Maldonado (VEN)

PERSÖNLICHE DATEN

Geboren	9. März 1985 in Maracay
Wohnort	Maracay (VEN)
Größe	1,73 m
Gewicht	66 kg
Familienstand	verheiratet mit Gabriela, eine Tochter
Internet	www.pastormaldonado.com

ERFOLGE

Rennen	76
WM-Punkte	49
GP-Siege	1
Pole-Positions	1
Schnellste Runden	0
Führungskilometer	172
Schnitt Punkte/GP	0,64
Schnitt Startplätze	14,74
F1-Debüt	GP Australien 2011
1. WM-Punkt	GP Belgien 2011 (12. GP, P10 = 1 Punkt)
1. GP-Sieg	GP Spanien 2012 (24. GP)

FORMEL 1-KARRIERE

Jahr	Team	Platz	Punkte
2011	Williams	19	1
2012	Williams	15	45
2013	Williams	18	1
2014	Lotus	16	2

Manor-Marussia

98 Roberto Merhi (E)

PERSÖNLICHE DATEN

Geboren	22. März in 1991 in Castellon (E)
Wohnort	Castellon de la Plana (E)
Größe	1,79 m
Gewicht	76 kg
Familienstand	ledig
Internet	www.robertomerhi.es

ERFOLGE

Rennen	0
WM-Punkte	0
GP-Siege	0
Pole-Positions	0
Schnellste Runden	0
Führungskilometer	0
Schnitt Punkte/GP	0,00
Schnitt Startp ätze	0,00
F1-Debüt	GP Malaysia 2015
1. WM-Punkt	-
1. GP-Sieg	–

FORMEL 1-KARRIERE

Jahr	Team	Platz	Punkte
F1-Debütant			

Es ist ein Last Minute-Unternehmen mit ungewissem Ausgang. Kurz vor dem GP USA 2014 meldete Marussia Insolvenz an. Besitzer Andrej Cheglakov konnte die offenstehenden Rechnungen nicht mehr bezahlen. Doch das Team hatte einen Wert. Der neunte Platz in der Konstrukteurs-WM 2014 bringt 47 Millionen Dollar aus Bernie Ecclestones Kasse. Aber nur wenn das Team auch 2015 antritt. Die Teamchefs John Booth und Graeme Lowdon bastelten zusammen mit dem Insolvenzverwalter an einer Zukunft des Rennstalls. Sie stellten bei der Strategiegruppe den Antrag, mit einem 2014er Auto antreten zu dürfen. Dem wurde die Zustimmung versagt. Als sich am Horizont neue Investoren abzeichneten, holten die Überlebens-

STAMMDATEN

- WM-Titel: **0/0**
- F1-Debüt: **GP Bahrain 2010**
- Angestellte: **90**
- WM-Starts: **93**
- GP-Siege: **0**
- Punkte: **2**

TECHNIK

Auto	Marussia MR04
Getriebe	Ferrari, 8-Gang, Karbon
Kraftstoff	shell
Felgen	BBS
ERS	Ferrari
Windkanal	Woking, 60%
Motor	Ferrari 059/3-V6-Turbo
Leistung	700-800 PS bei 15 000/min

Manor Marussia tritt mit einem auf 2015er Regeln adaptierten Vorjahresauto und 2014er Ferrari-Motor an

künstler das Inventar in die Fabrik des Manor-Rennstalls, dem weiterhin die Formel 1-Lizenz gehörte. Man bezahlte auf Verdacht das Nenngeld von 526 256 Dollar bei der FIA ein. Am 4.Februar wurde der Rennstall aus der Insolvenz entlassen. Eine Investorengruppe um die englischen Industriellen Stephen Fitzpatrick und Justin King übernahm das Team. Mittlerweile wurde das 2014er Chassis auf das 2015er Reglement umgebaut und eine neue Nase konstruiert. Am 5.März stand der Crashtest an. Einen Tag vor der Abreise nach Australien. Im Heck steckt ein 2014er Ferrari V6-Turbo. Will Stevens und Roberto Merhi sollen das Auto fahren. Experten vermuten, dass McLaren aus Manor ein B-Team machen will. Nach Vorbild von Ferrari und HaasF1.

PERSONAL

Teambesitzer	Stephen Fitzpatrick
Teamchefs	Justin King, John Booth
Sportdirektor	Graeme Lowdon
Chefdesigner	John McQuilliam
Chefingenieur	Nicolas Perrin
Teammanager	Pete Sliwinski
Ingenieur Stevens	Josh Peckett
Ingenieur Merhi	Nicolas Perrin

INTERNET

www.auto-motor-und-sport.de/formel1

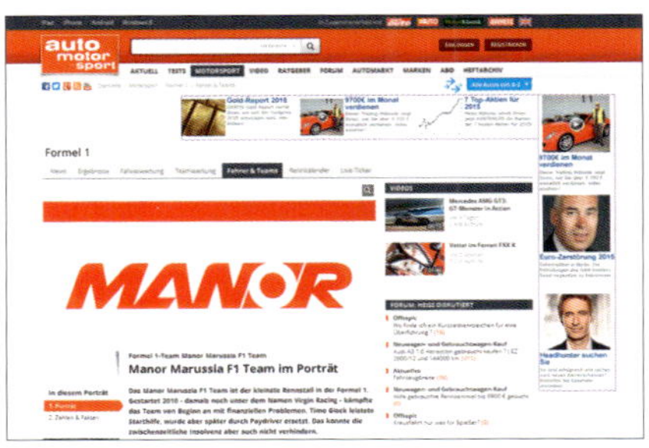

28 Will Stevens (GB)

PERSÖNLICHE DATEN

Geboren	28. Juni 1991 in Rochford
Wohnort	Rochford (GB)
Größe	1,61 m
Gewicht	63 kg
Familienstand	ledig
Internet	www.willstevens.co.uk

ERFOLGE

Rennen	1
WM-Punkte	0
GP-Siege	0
Pole-Positions	0
Schnellste Runden	0
Führungskilometer	0
Schnitt Punkte/GP	0,00
Schnitt Startplätze	20,00
F1-Debüt	GP Abu Dhabi 2014
1. WM-Punkt	-
1. GP-Sieg	-

FORMEL 1-KARRIERE

Jahr	Team	Platz	Punkte
2014	Caterham	23	-

Sauber -Ferrari

12 Felipe Nasr (BR)

PERSÖNLICHE DATEN

Geboren	21. August 1992 in Brasilia
Wohnort	London (GB)
Größe	1,75 m
Gewicht	68 kg
Familienstand	ledig
Internet	www.felipenasr.com

ERFOLGE

Rennen	0
WM-Punkte	0
GP-Siege	0
Pole-Positions	0
Schnellste Runden	0
Führungskilometer	0
Schnitt Punkte/GP	0
Schnitt Startplätze	0
F1-Debüt	GP Australien 2015
1. WM-Punkt	–
1. GP-Sieg	–

FORMEL 1-KARRIERE

Jahr	Team	Platz	Punkte
F1-Debütant			

Die letztjährige Saison möchte Sauber so schnell wie möglich vergessen. Zum ersten Mal seit die Eidgenossen 1993 in die Formel 1 eingestiegen sind, blieb das Punktekonto leer. Sauber fiel vom siebten auf den zehnten Platz zurück. Das war der einzige Lichtblick einer schlimmen Saison. Als Top Ten-Mitglied bleibt man im Club von Bernie Ecclestone und partizipiert an den Ausschüttungen der Rechteinhaber und den Gratis-Transporten zu den Übersee-Rennen. Doch die Finanzlage in Hinwil ist weiter angespannt. Das Team lebt von der Mitgift seiner beiden Fahrer. Marcus Ericsson weiß einen der reichsten Schweden als Mäzen hinter sich. Und Neuling Nasr die Banco do Brasil. Dafür mussten Esteban Gutierrez. Adrian Sutil und Test-

STAMMDATEN

- WM-Titel: **0/0**
- F1-Debüt: **GP Südafrika 1993**
- Angestellte: **330**
- WM-Starts: **311**
- GP-Siege: **0**
- Punkte: **466**

TECHNIK

Auto	Sauber C34
Getriebe	Ferrari, 8-Gang, Karbon
Kraftstoff	Shell
Felgen	O.Z.
ERS	Ferrari
Windkanal	Hinwil, 60%
Motor	Ferrari 059/4 V6-Turbo
Leistung	750-840 PS bei 15 000/min

▶ Sauber Motorsport AG ▶ Wildbachstrasse 99
▶ CH-8340 Hinwil ▶ www.sauber-motorsport.com

Endlich kommt Farbe ins Spiel. Statt grauweiß ist der Sauber jetzt blaugelb

fahrer Giedo van der Garde gehen. Weil Sutil und van der Garde noch Verträge hatten, drohen sie mit Klagen. 2015 will Sauber ein besseres Kapitel aufschlagen. Mit dem deutlich verbesserten Ferrari V6-Turbo könnte das gelingen. Der erste Test in Jerez hat es bereits gezeigt. Im Jahr zuvor war Sauber meistens in der Garage gestanden. Diesmal legten Ericsson und Nasr nach den Mercedes-Piloten die zweitmeisten Kilometer zurück. Das Auto war auf Anhieb schnell und deutlich einfacher zu fahren als sein Vorgänger. Die Technikertruppe unter Eric Gandelin ging kein Risiko ein. Deshalb ist die Nase lang und die Kühlung ausreichend. Die Piloten brauchen Kilometer. Und Sauber will unbedingt wieder in die Punkte. Um 2014 zu vergessen.

PERSONAL

Teamchef	Monisha Kaltenborn
Chefdesigner	Eric Gandelin
Chef Fahrwerk	Elliott Dason-Barber
Aerodynamikchef	Willem Toet
Chef Renneinsatz	Giampaolo Dall'Ara
Aufsichtsratchef	Peter Sauber
Teammanager	Beat Zehnder
Testfahrer	Raffaele Marciello
Ingenieur Ericsson	Erik Schuivens
Ingenieur Nasr	Craig Gardener

INTERNET

www.auto-motor-und-sport.de/formel1

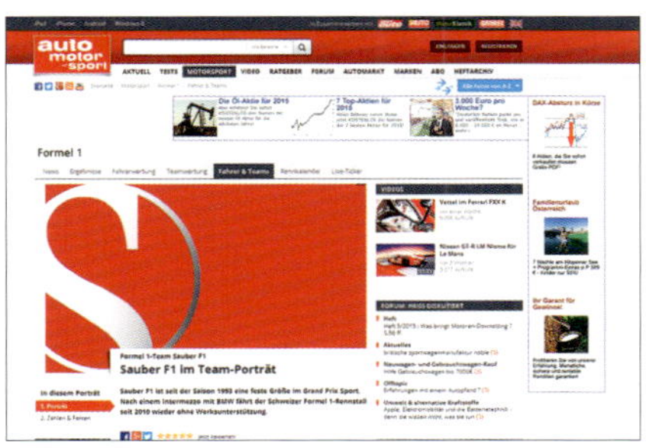

9 Marcus Ericsson (S)

PERSÖNLICHE DATEN

Geboren	2. September 1990 in Kumla
Wohnort	Orebro (S)
Größe	1,80 m
Gewicht	70 kg
Familienstand	ledig
Internet	www.marcusericsson.com

ERFOLGE

Rennen	16
WM-Punkte	0
GP-Siege	0
Pole-Positions	0
Schnellste Runden	0
Führungskilometer	0
Schnitt Punkte/GP	0,00
Schnitt Startplätze	20,25
F1-Debüt	GP Australien 2014
1. WM-Punkt	-
1. GP-Sieg	-

FORMEL 1-KARRIERE

Jahr	Team	Platz	Punkte
2014	Caterham	19	-

MERCEDES

„Mercedes geht als haushoher Favorit in die neue Saison. Der Vorsprung auf die Konkurrenz betrug beim Testen 0,8 Sekunden pro Runde. Ganz ohne Pannen ging es auch bei den Silberpfeilen nicht ab. Hier dreht sich Rosberg ins Kiesbett“

PETRONAS
BOSS

RED BULL

„Technikchef Adrian Newey ist ein großer Geheimniskrämer. Deshalb lief sein Red Bull im Winter im Tarnlook. So ließen sich Detaillösungen gut verstecken. Zum Saisonstart traten die Red Bull dann wieder in gewohnten Farben an"

RAUCH
Pepe Jeans
INFINITI

14
SAP
Mobil

MCLAREN

» Der Testwinter glich einem Gang nach Canossa. Defekte, kaum Kilometer, ein rätselhafter Unfall von Alonso. Der Spanier fällt für den Saisonstart aus. Und Neuzugang Honda muss den Motor in einem Crashkurs verbessern «

TOROROSSO

„Red Bulls B-Team ist ein Kindergarten. Die Fahrer Verstappen und Sainz junior sind in Melbourne zusammen 37 Jahre und 361 Tage alt. Beide feiern ihr Debüt. Deshalb wurden bei den Tests Boxenstopps bis zum Umfallen geübt“

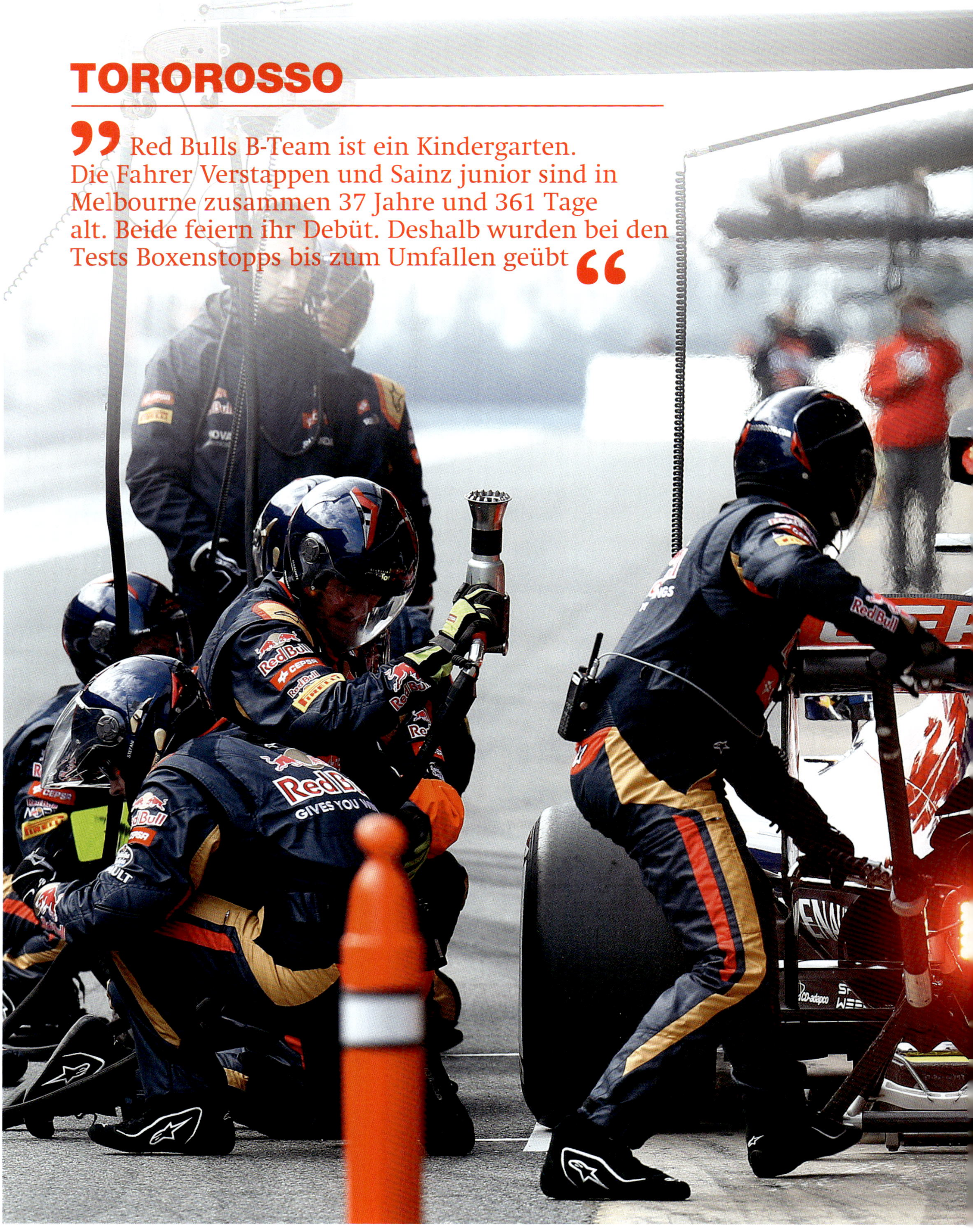

Red Bull
GIVES YOU WINGS
Red Bull
GIVES YOU WINGS
Red Bull
GIVES YOU WINGS

LOTUS

„Lotus wechselt von Renault-Motoren zu Mercedes-Power. Und erwartet sich mit diesem Schritt eine Rückkehr zu alten Erfolgen. Die Finanzlage ist weiter prekär. Kurzfristig war sogar der Start in Melbourne in Frage gestellt“

GENII
LOTUS F1 TEAM
PDVSA
@RGrosjean
Microsoft

ZUKUNFTSANGST

„Die Formel 1 steckt in ihrer größten Krise seit 1969. Vier Teams sind von Existenzängsten geplagt. Das Geld wird ungerecht verteilt, und die Kosten sind zu hoch. Die Topteams tun so, als würden sie die Probleme nichts angehen“

Spielplan 2015

Die Formel 1 tourt auf 20 Stationen um die Welt. Mexiko feiert nach 23 Jahren Pause ein Comeback. Alle Strecken, alle Daten, alle Sieger.

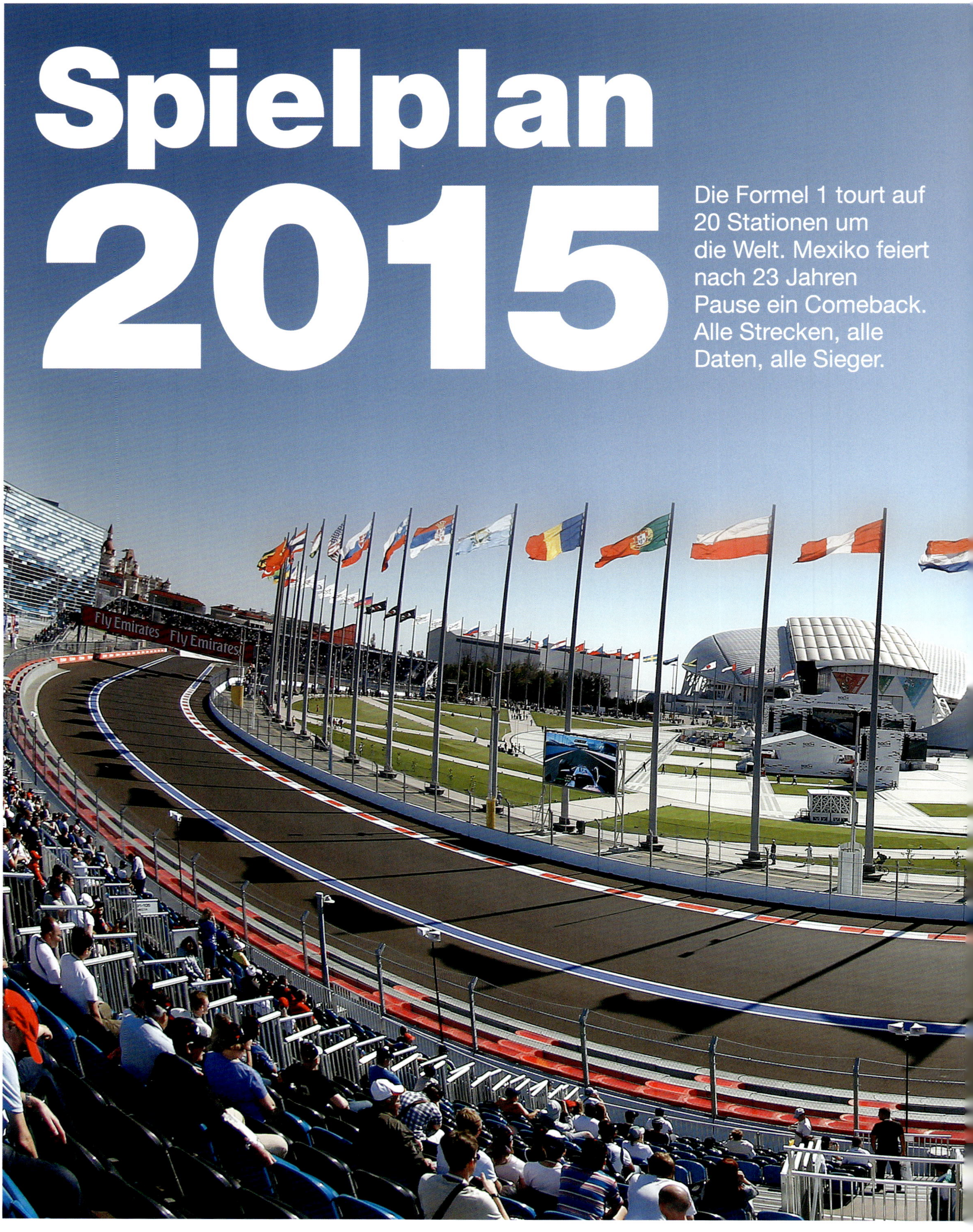

Russlands Formel 1-Premiere 2014: mitten durch das Olympia-Gelände in Sochi

1 Australien

Melbourne 15. März 2015

Der Zauber von Melbourne: Abendstimmung und Skyline

STRECKENDATEN

- Streckenlänge **5,303 km**
- Runden **58**
- Distanz **307,574 km**

www.grandprix.com.au

AUSKÜNFTE

Australian Grand Prix Cooperation
220, Albert Road, P.O.Box 577
AUS-South Melbourne,Victoria 3205
Tel.: 0061/1/392587100
Fax: 0061/1/396829410
E-Mail: enquiries@grandprix.com.au

ZEITPLAN

- **Freitag**
  1. Training: 2.30–4.00 h MEZ
  2. Training: 6.30–8.00 h MEZ
- **Samstag**
  3. Training: 4.00–5.00 h MEZ
  Qualifikation 7.00 h MEZ
- **Sonntag**
  Start F1-GP: 6.00 h MEZ

REKORDE

- **Die meisten WM-Punkte**
  Fernando Alonso, 105 Punkte
- **Die meisten Siege**
  Michael Schumacher, 4 (2000, 2001, 2002, 2004)
- **Die meisten Pole-Positions**
  Michael Schumacher, Lewis Hamilton, Mika Häkkinen, Sebastian Vettel, je 3

- **Erster Sieger (1986)**
  Damon Hill (Williams-Renault)
  1:35.50,491 Std = 198,736 km/h
- **Sieger 2014**
  Nico Rosberg (Mercedes)
  1:32.58,710 Std = 195,059 km/h
- **Pole-Position 2014**
  Lewis Hamilton (Mercedes)
  1.44,231 min = 183,159 km/h

- **Schnellste Runde 2014**
  Nico Rosberg (Mercedes)
  1.32,478 min = 206,436 km/h

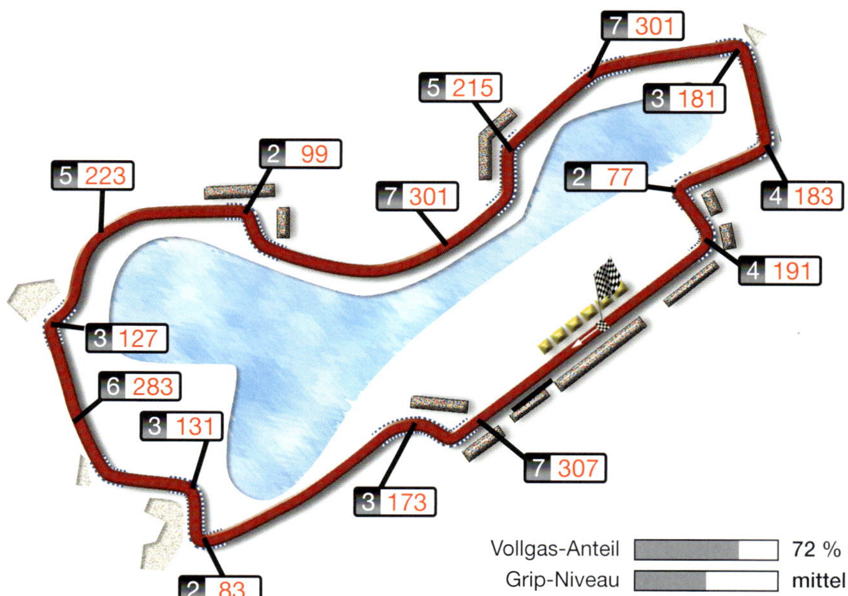

Vollgas-Anteil	72 %
Grip-Niveau	mittel
Abtriebslevel	hoch (8/10)
Bremsen-Verschleiß	hoch
Gangwechsel/Runde	64
Benzinverbrauch/Runde	2,32 Liter
Führungswechsel 2014	0
Boxenstopps Sieger 2014	2 Runde 12/38
Topspeed Qualifikation 2014	317,5 km/h (Bottas)
Topspeed Rennen 2014	316,9 km/h (Magnussen)
Zuschauer 2014	101 000
Wetter 2014	19 Grad, bewölkt

2 Malaysia

Sepang 29. März 2015

Der heißeste GP des Jahres: Sepang ist eine Sauna

STRECKENDATEN

- Streckenlänge **5,553 km**
- Runden **56**
- Distanz **310,408 km**

www.malaysiangp.com

AUSKÜNFTE

Sepang International Circuit
Jalan Pekelling
64000 KLIA Selangor, Malaysia
Tel.: 0060/3/85262000
Fax: 0060/3/85261000
E-Mail: sic@malaysiangp.com.my

Vollgas-Anteil	65 %
Grip-Niveau	mittel
Abtriebslevel	hoch (9/10)
Bremsen-Verschleiß	mittel
Gangwechsel/Runde	48
Benzinverbrauch/Runde	2,34 Liter
Führungswechsel 2014	0
Boxenstopps Sieger 2014	3 Runde 15/33/51
Topspeed Qualifikation 2014	305,0 km/h (Massa)
Topspeed Rennen 2014	324,5 km/h (Massa)
Zuschauer 2014	37 000
Wetter 2014	33 Grad, bewölkt

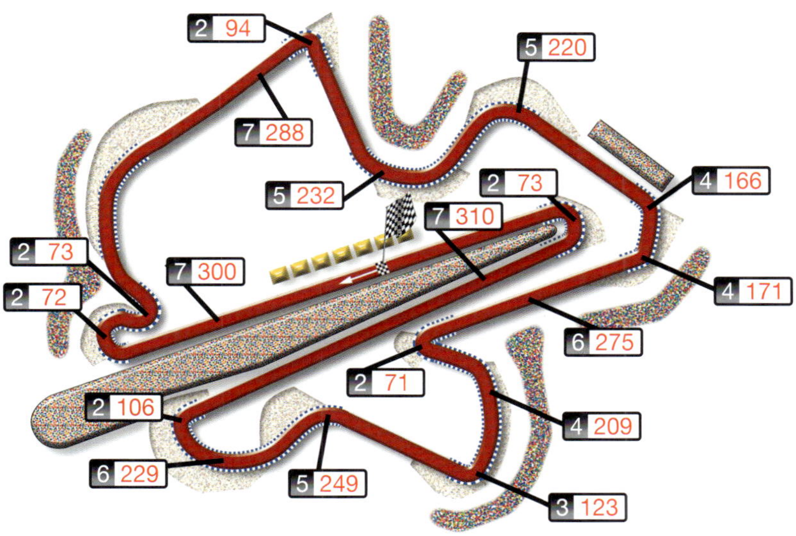

ZEITPLAN

Freitag

1. Training:	3.00–4.30 h MEZ
2. Training:	7.00–8.30 h MEZ

Samstag

3. Training:	7.00–8.00 h MEZ
Qualifikation:	10.00 h MEZ

Sonntag

Start F1-GP:	9.00 h MESZ

REKORDE

Die meisten WM-Punkte
Sebastian Vettel, 90 Punkte

Die meisten Siege
Michael Schumacher, Fernando Alonso, Sebastian Vettel, je 3

Die meisten Pole-Positions
Michael Schumacher, 5

Erster Sieger (1999)
Eddie Irvine (Ferrari)
1:36.38,494 Std = 192,682 km/h

Sieger 2014
Lewis Hamilton (Mercedes)
1:40.25,874 Std = 185,445 km/h

Pole-Position 2014
Lewis Hamilton (Mercedes)
1.59,431 min = 167,082 km/h

Schnellste Runde 2014
Lewis Hamilton (Mercedes)
1.43,066 min = 193,612 km/h

3 China

Shanghai 12. April 2015

STRECKENDATEN

- Streckenlänge **5,451 km**
- Runden **56**
- Distanz **305,066 km**

www.icsh.sh.cn

AUSKÜNFTE

SIC Headquarters
29F Jushi Tower, Yining Road 2000
VRC-Shanghai
Tel.: 0086/21/96826999
Fax: 0086/21/53306655
E-Mail: contact@ics.sh.cn

ZEITPLAN

- **Freitag**
  1. Training: 4.00–5.30 h MESZ
  2. Training: 8.00–9.30 h MESZ
- **Samstag**
  3. Training: 6.00–6.00 h MESZ
  Qualifikation: 9.00 h MESZ
- **Sonntag**
  Start F1-GP: 8.00 h MESZ

REKORDE

- **Die meisten WM-Punkte**
  Lewis Hamilton, 111 Punkte
- **Die meisten Siege**
  Lewis Hamilton, 3
- **Die meisten Pole-Positions**
  Lewis Hamilton, 4

- **Erster Sieger (2004)**
  Rubens Barrichello (Brasilien)
  1:29.12,420 Std = 205,185 km/h
- **Sieger 2014**
  Lewis Hamilton (Mercedes)
  1:33.28,338 Std = 188,824 km/h
- **Pole-Position 2014**
  Lewis Hamilton (Mercedes)
  1.53,860 min = 172,384 km/h

- **Schnellste Runde 2014**
  Nico Rosberg (Mercedes)
  1.40,402 min = 195,450 km/h

Volles Haus: Der GP China war letztes Jahr ausverkauft

Vollgas-Anteil	54 %
Grip-Niveau	hoch
Abtriebslevel	mittel (7/10)
Bremsen-Verschleiß	niedrig
Gangwechsel/Runde	45
Benzinverbrauch/Runde	2,36 Liter
Führungswechsel 2014	0
Boxenstopps Sieger 2014	2 Runde 17/38
Topspeed Qualifikation 2014	317,7 km/h (Hamilton)
Topspeed Rennen 2014	336,8 km/h (Rosberg)
Zuschauer 2014	115 000
Wetter 2014	18 Grad, Smog

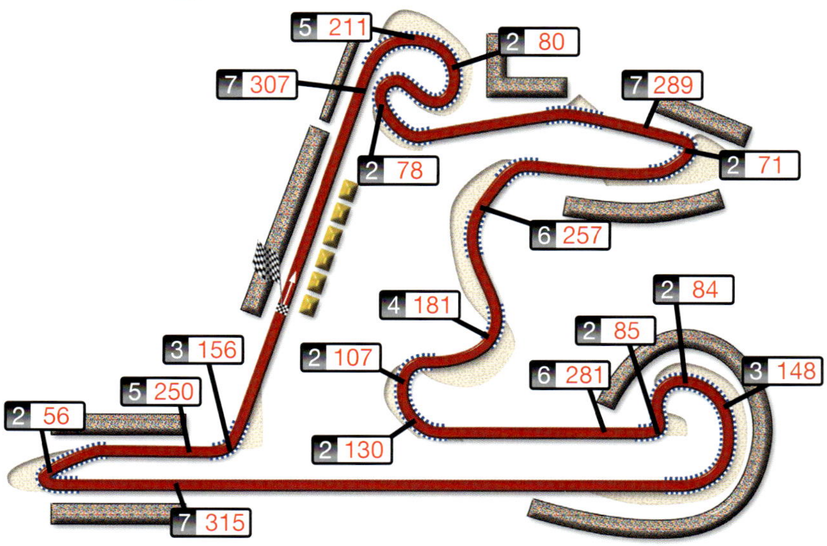

4 Bahrain

Sakhir 19. April 2015

Kopie von Singapur: Seit 2014 ist auch Bahrain ein Nachtrennen

Vollgas-Anteil		68 %
Grip-Niveau		mittel
Abtriebslevel		mittel (7/10)
Bremsen-Verschleiß		hoch
Gangwechsel/Runde		58
Benzinverbrauch/Runde		2,36 Liter
Führungswechsel 2014		2
Boxenstopps Sieger 2014	2	Runde 19/41
Topspeed Qualifikation 2014	328,8 km/h (Perez)	
Topspeed Rennen 2014	335,7 km/h (Massa)	
Zuschauer 2014		31 000
Wetter 2014		25 Grad, klar

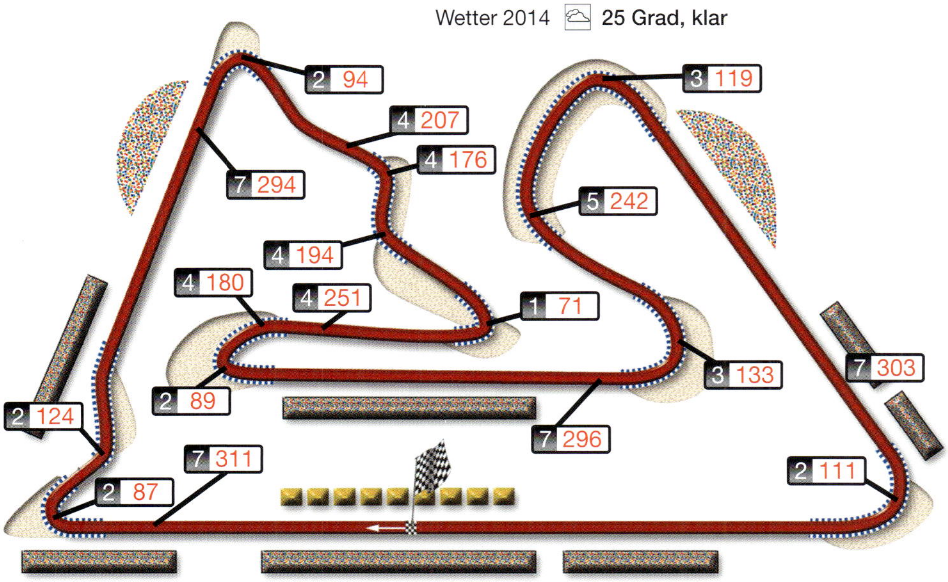

STRECKENDATEN

- Streckenlänge **5,412 km**
- Runden **57**
- Distanz **308,238 km**

www.bahraingp.com

AUSKÜNFTE

Bahrain International Circuit
P.O.Box 26381
Manama, Kingdom of Bahrain
Tel.: 00973/450000
Fax: 00973/406555
E-Mail: sales@bic.com.bh

ZEITPLAN

- **Freitag**
  - 1. Training: 13.00–14.30 h MESZ
  - 2. Training: 17.00–18.30 h MESZ
- **Samstag**
  - 3. Training: 14.00–15.00 h MESZ
  - Qualifikation: 17.00 h MESZ
- **Sonntag**
  - Start F1-GP: 17.00 h MESZ

REKORDE

- **Die meisten WM-Punkte**
  Sebastian Vettel, 78 Punkte
- **Die meisten Siege**
  Fernando Alonso, 3
  (2005, 2006, 2010)
- **Die meisten Pole-Positions**
  Michael Schumacher, Nico Rosberg, Sebastian Vettel, je 2

- **Erster Sieger (2004)**
  Michael Schumacher (Ferrari)
  1:28.34,675 Std = 208,976 km/h
- **Sieger 2014**
  Lewis Hamilton (Mercedes)
  1:39.42,743 Std = 185,476 km/h

- **Pole-Position 2014**
  Nico Rosberg (Mercedes)
  1.33,185 min = 209,081 km/h
- **Schnellste Runde 2014**
  Nico Rosberg (Mercedes)
  1.37,020 min = 200,816 km/h

5 Spanien

Barcelona 10. Mai 2015

STRECKENDATEN

- Streckenlänge **4,655 km**
- Runden **66**
- Distanz **307,104 km**

www.circuitcat.com

AUSKÜNFTE

Circuit de Catalunya
Apartet de Correus 27
E-08160 Barcelona
Tel.: 0034/93/5719771
Fax: 0034/93/5719730
E-Mail: tickets@circuitcat.com

ZEITPLAN

- **Freitag**
  1. Training: 10.00–11.30 h MESZ
  2. Training: 14.00–15.30 h MESZ
- **Samstag**
  3. Training: 11.00–12.00 h MESZ
  Qualifikation 14.00 h MESZ
- **Sonntag**
  Start F1-GP: 14.00 h MESZ

REKORDE

- **Die meisten WM-Punkte**
  Fernando Alonso, 120 Punkte
- **Die meisten Siege**
  Michael Schumacher, 6
  (1995, 1996, 2001, 2002, 2003, 2004)
- **Die meisten Pole-Positions**
  Michael Schumacher, 7

- **Erster Sieger (1991)**
  Nigel Mansell (Williams-Renault)
  1:38.41,541 Std = 187,586 km/h
- **Sieger 2014**
  Lewis Hamilton (Mercedes)
  1:41.05,155 Std = 178,796 km/h
- **Pole-Position 2014**
  Lewis Hamilton (Mercedes)
  1.25,232 min = 192,857 km/h

- **Schnellste Runde 2014**
  Sebastian Vettel (Red Bull-Renault)
  1.28,918 min = 184,862 km/h

Alonsos Heimspiel: Sein letzter Sieg datiert von 2013

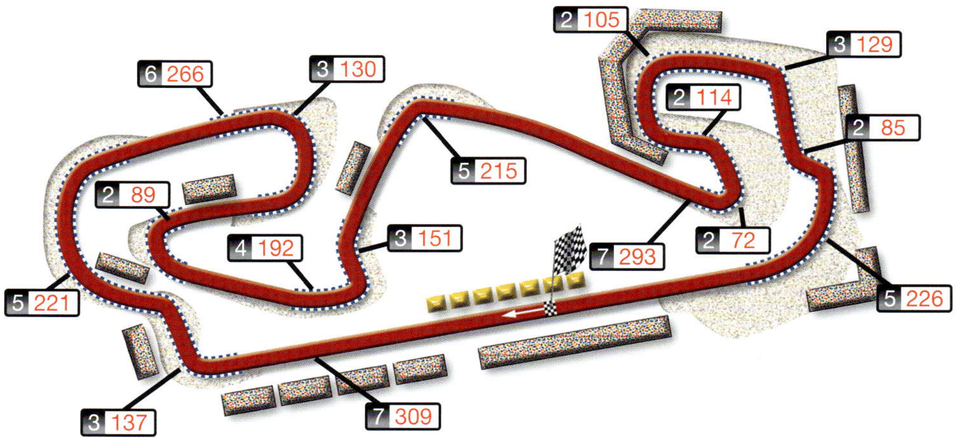

Vollgas-Anteil	61 %
Grip-Niveau	mittel
Abtriebslevel	hoch (8/10)
Bremsen-Verschleiß	mittel
Gangwechsel/Runde	38
Benzinverbrauch/Runde	2,05 Liter
Führungswechsel 2014	4
Boxenstopps Sieger 2014	2 Runde 18/43
Topspeed Qualifikation 2014	337,7 km/h (Kvyat)
Topspeed Rennen 2014	342,3,8 km/h (Massa)
Zuschauer 2014	91 000
Wetter 2014	26 Grad, sonnig

6 Monaco

Monte Carlo 24. Mai 2015

Das berühmteste Stadtrennen: Tempo 40 in Loews

Vollgas-Anteil	48 %
Grip-Niveau	hoch
Abtriebslevel	hoch (10/10)
Bremsen-Verschleiß	hoch
Gangwechsel/Runde	60
Benzinverbrauch/Runde	1,62 Liter
Führungswechsel 2014	0
Boxenstopps Sieger 2014	1 Runde 26
Topspeed Qualifikation 2014	292,0 km/h (Bottas)
Topspeed Rennen 2014	290,0 km/h (Hamilton)
Zuschauer 2014	70 000
Wetter 2014	21 Grad, bewölkt

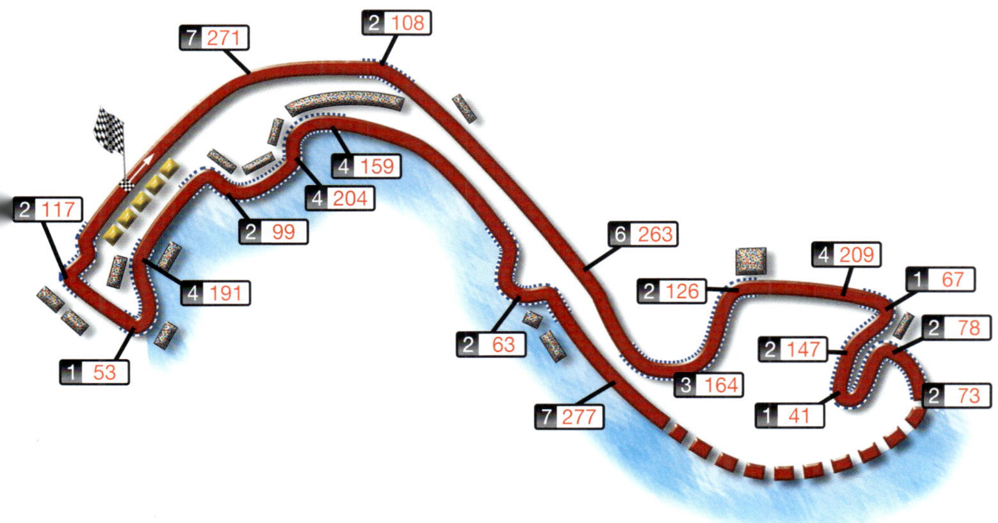

STRECKENDATEN

- Streckenlänge **3,340 km**
- Runden **78**
- Distanz **260,520 km**

www.acm.mc

AUSKÜNFTE

Automobile Club de Monaco
23, Boulevard Albert 1er
MC-98012 Monaco
Tel.: 00377/93/150600
Fax: 00377/93/258008
E-Mail: info@acm.mc

ZEITPLAN

- **Freitag**
  1. Training: 10.00–11.30 h MESZ
  2. Training: 14.00–15.30 h MESZ
- **Samstag**
  3. Training: 11.00–12.00 h MESZ
  Qualifikation: 14.00 h MESZ
- **Sonntag**
  Start F1-GP: 14.00 h MESZ

REKORDE

- **Die meisten WM-Punkte**
  Mark Webber, 92 Punkte

- **Die meisten Siege**
  Ayrton Senna, 6
  (1987, 1989, 1990, 1991, 1992, 1993)
- **Die meisten Pole-Positions**
  Ayrton Senna, 5

- **Erster Sieger (1950)**
  Juan-Manuel Fangio (Alfa Romeo)
  3:13.18,7 Std = 98,700 km/h
- **Sieger 2014**
  Nico Rosberg (Mercedes)
  1:49.27,551 Std = 142,804 km/h

- **Pole-Position 2014**
  Nico Rosberg (Mercedes)
  1.15,969 min = 158,275 km/h
- **Schnellste Runde 2014**
  Kimi Räikkönen (Ferrari)
  1.18,479 min = 153,213 km/h

7 Kanada

Montreal 7. Juni 2015

STRECKENDATEN

- Streckenlänge **4,361 km**
- Runden **70**
- Distanz **305,270 km**

www.grandprix.ca

AUSKÜNFTE

Grand Prix F1 du Canada
Casier Postale 248 succ., Place d'armes
CDN-Montréal, Quebec
Tel.: 001/514/3504731
Fax: 001/514/3504707
E-Mail: sales@grandprix.ca

ZEITPLAN

- **Freitag**
  1. Training: 16.00–17.30 h MESZ
  2. Training: 20.00–21.30 h MESZ
- **Samstag**
  3. Training: 16.00–17.00 h MESZ
  Qualifikation: 19.00 h MESZ
- **Sonntag**
  Start F1-GP: 20.00 h MESZ

REKORDE

- **Die meisten WM-Punkte**
  Michael Schumacher, 118 Punkte
- **Die meisten Siege**
  Michael Schumacher, 7
  (1994, 1997, 1998, 2000, 2002, 2003, 2004)

- **Die meisten Pole-Positions**
  Michael Schumacher, 6
- **Erster Sieger (1978)**
  Gilles Villeneuve (Ferrari)
  1:57.49,196 Std = 160,410 km/h

- **Sieger 2014**
  Daniel Ricciardo (Red Bull-Renault)
  1:39.12,830 Std = 184,613 km/h
- **Pole-Position 2014**
  Nico Rosberg (Mercedes)
  1.14,874 min = 209,680 km/h
- **Schnellste Runde 2014**
  Felipe Massa (Williams-Mercedes)
  1.18,504 min = 199,985 km/h

Vollgas-Anteil	68 %
Grip-Niveau	hoch
Abtriebslevel	mittel (5/10)
Bremsen-Verschleiß	sehr hoch
Gangwechsel/Runde	62
Benzinverbrauch/Runde	1,93 Liter
Führungswechsel 2014	6
Boxenstopps Sieger 2014	2 Runde 13/37
Topspeed Qualifikation 2014	337,7 km/h (Pérez)
Topspeed Rennen 2014	347,1 km/h (Massa)
Zuschauer 2014	95 000
Wetter 2014	28 Grad, sonnig

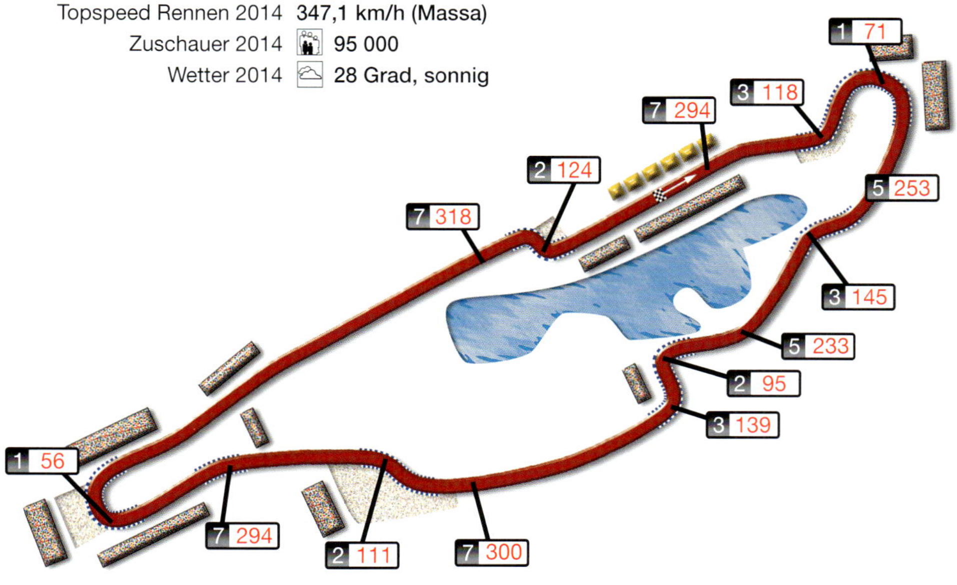

8 Österreich

Red Bull-Ring 21. Juni 2015

Der Alpen-Grand Prix: Grandioses Comeback 2014

STRECKENDATEN

- Streckenlänge **4,326 km**
- Runden **71**
- Distanz **307,146 km**

www.projekt-spielberg.at

AUSKÜNFTE

Red Bull-Ring
Schlossweg 1
A-8724 Spielberg, Österreich
Tel.: 0043/3577/20227000
Fax: 0043/3577/22290
E-Mail: tickets@gpt.at

ZEITPLAN

- **Freitag**
  - 1. Training: 10.00–11.30 h MESZ
  - 2. Training: 14.00–15.30 h MESZ
- **Samstag**
  - 3. Training: 11.00–12.00 h MESZ
  - Qualifikation: 14.00 h MESZ
- **Sonntag**
  - Start F1-GP: 14.00 h MESZ

Vollgas-Anteil	70 %
Grip-Niveau	mittel
Abtriebslevel	mittel (7/10)
Bremsen-Verschleiß	sehr hoch
Gangwechsel/Runde	50
Benzinverbrauch/Runde	1,89 Liter
Führungswechsel 2014	7
Boxenstopps Sieger 2014	2 Runde 11/40
Topspeed Qualifikation 2014	327,5 km/h (Massa)
Topspeed Rennen 2014	321,4 km/h (Massa)
Zuschauer 2014	95 000
Wetter 2014	27 Grad, sonnig

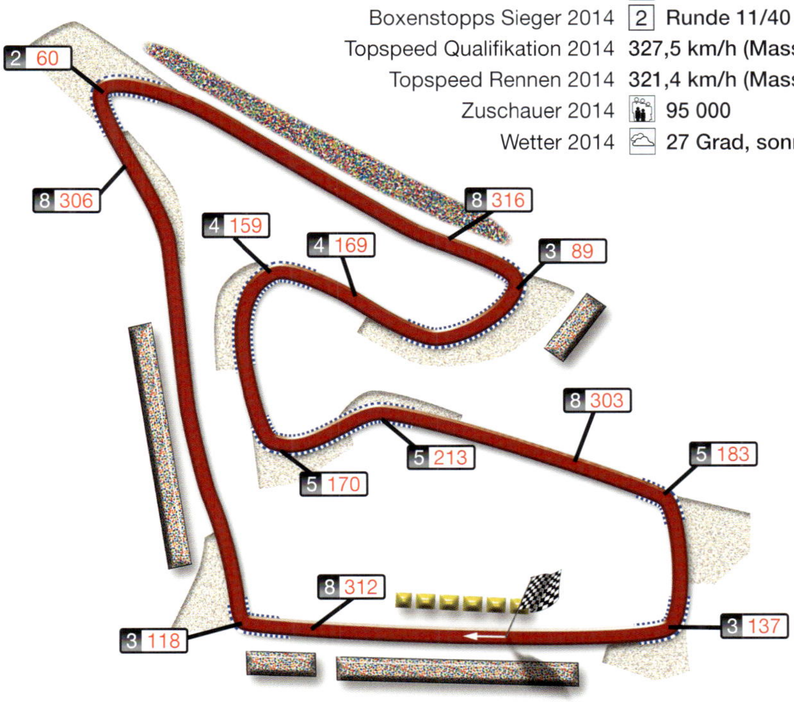

REKORDE

- **Die meisten WM-Punkte**
  David Coulthard, 39 Punkte
- **Die meisten Siege**
  Mika Häkkinen, Michael Schumacher, je 2
- **Die meisten Pole-Positions**
  Michael Schumacher, Jacques Villeneuve, je 2

- **Erster Sieger (1997)**
  Jacques Villeneuve (Williams)
  1:27.35,999 Std = 210,228 km/h
- **Sieger 2014**
  Nico Rosberg (Mercedes)
  1:24.57,976 Std = 209,531 km/h
- **Pole-Position 2014**
  Felipe Massa (Williams-Mercedes)
  1.08,759 min = 226,495 km/h

- **Schnellste Runde 2014**
  Sergio Perez (Force India-Mercedes)
  1.12,142 min = 209,531 km/h

9 England

Silverstone 5. Juli 2015

STRECKENDATEN

- Streckenlänge **5,891 km**
- Runden **52**
- Distanz **306,198 km**

www.silverstone-circuit.uk

AUSKÜNFTE

Silverstone Circuits Ltd.
Uk-Northamptonshire NN12 8TN
Tel.: 0044/1327/857271
Fax: 0044/1327/857663
E-Mail: sales@silverstone-circuit.uk

ZEITPLAN

- **Freitag**
  1. Training: 11.00–12.30 h MESZ
  2. Training: 15.00–16.30 h MESZ
- **Samstag**
  3. Training: 11.00–12.00 h MESZ
  Qualifikation: 14.00 h MESZ
- **Sonntag**
  Start F1-GP: 14.00 h MESZ

REKORDE

- **Die meisten WM-Punkte**
  Fernando Alonso, 95 Punkte

- **Die meisten Siege**
  Alain Prost, 5
  (1983, 1985, 1989, 1990, 1993)
- **Die meisten Pole-Positions**
  Jim Clark, Nigel Mansell,
  Damon Hill, Fernando Alonso, je 3

- **Erster Sieger (1950)**
  Nino Farina (Alfa Romeo)
  2:13.23,6 Std = 145,358 km/h
- **Sieger 2014**
  Lewis Hamilton (Mercedes)
  2:26.92,094 Std = 215,091 km/h
- **Pole-Position 2014**
  Nico Rosberg (Mercedes)
  1.35,766 min = 221,452 km/h

- **Schnellste Runde 2014**
  Lewis Hamilton (Mercedes)
  1.37,176 min = 218,239 km/h

Silverstones neuer Look: Siegerehrung im Terminal

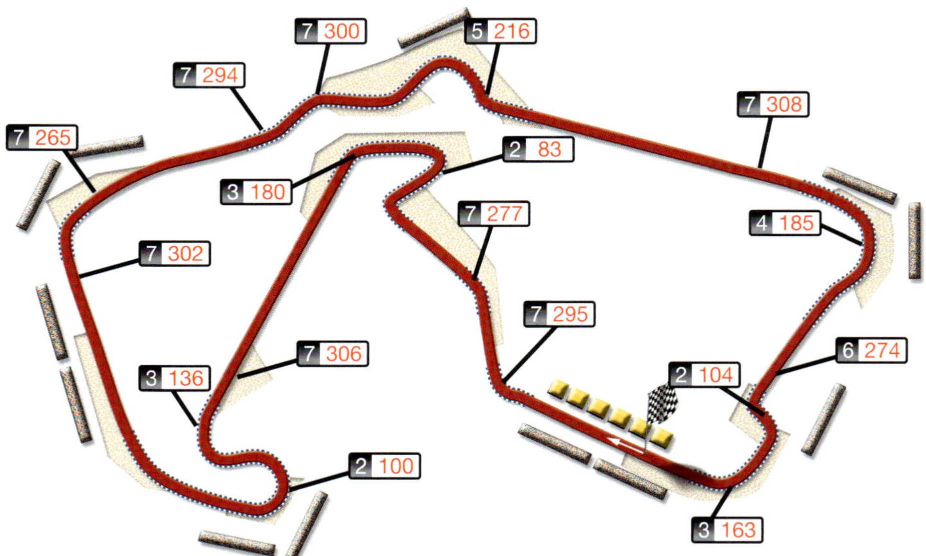

Vollgas-Anteil	67 %
Grip-Niveau	niedrig
Abtriebslevel	hoch (8/10)
Bremsen-Verschleiß	niedrig
Gangwechsel/Runde	48
Benzinverbrauch/Runde	2,59 Liter
Führungswechsel 2014	3
Boxenstopps Sieger 2014	2 Runde 24/41
Topspeed Qualifikation 2014	325,3 km/h (Rosberg)
Topspeed Rennen 2014	329,5 km/h (Bottas)
Zuschauer 2014	120 000
Wetter 2014	18 Grad, bewölkt

10 Deutschland **Hockenheim** 19. Juli 2015

Auf der Kippe: Hockenheim übernimmt vom Nürburgring

STRECKENDATEN

- Streckenlänge **4,574 km**
- Runden **67**
- Distanz **306,458 km**

www.hockenheimring.com

AUSKÜNFTE

Hockenheimring GmbH
Postfach 1106
D-68754 Hockenheim
Tel.: 06205/950222
Fax: 06205/950210
E-Mail: info@hockenheimring.de

Vollgas-Anteil	70 %
Grip-Niveau	mittel
Abtriebslevel	mittel (7/10)
Bremsen-Verschleiß	hoch
Gangwechsel/Runde	54
Benzinverbrauch/Runde	2,01 Liter
Führungswechsel 2014	0
Boxenstopps Sieger 2014	2 Runde 15/41
Topspeed Qualifikation 2014	332,5 km/h (Rosberg)
Topspeed Rennen 2014	345,2 km/h (Hamilton)
Zuschauer 2014	52 000
Wetter 2014	26 Grad, bedeckt

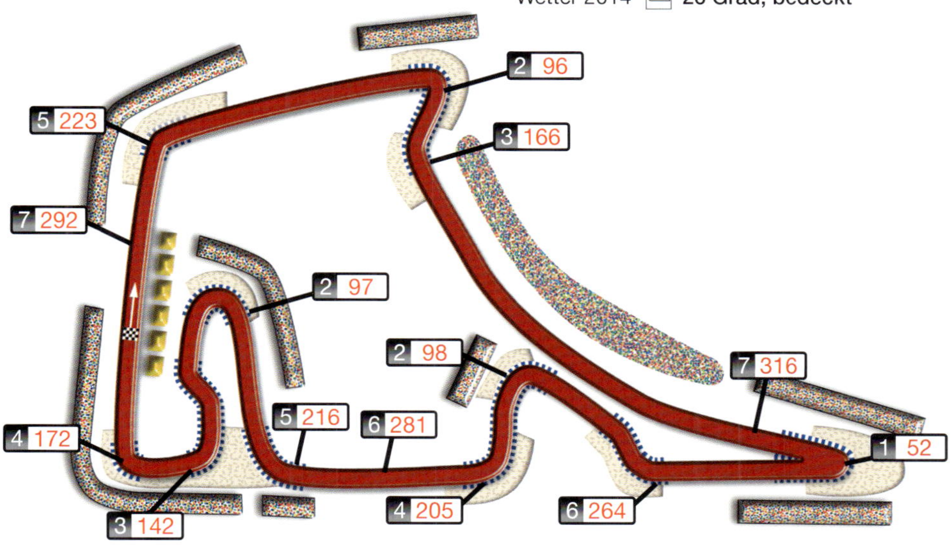

ZEITPLAN

- **Freitag**
  1. Training: 10.00–11.30 h MESZ
  2. Training: 14.00–15.30 h MESZ
- **Samstag**
  3. Training: 11.00–12.00 h MESZ
  Qualifikation: 14.00 h MESZ
- **Sonntag**
  Start F1-GP: 14.00 h MEZ

REKORDE

- **Die meisten WM-Punkte**
  Fernando Alonso, 85 Punkte
- **Die meisten Siege**
  Michael Schumacher, 4 (1995, 2002, 2004, 2006)
- **Die meisten Pole-Positions**
  Alain Prost, Ayrton Senna, Nigel Mansell je, 3

- **Erster Sieger (1970)**
  Jochen Rindt (Lotus-Cosworth) 1:42.00,30 Std = 199,40 km/h
- **Sieger 2014**
  Nico Rosberg (Mercedes) 1:33.42,914 Std = 196,206 km/h

- **Pole-Position 2014**
  Nico Rosberg (Mercedes) 1.16,540 min = 215,135 km/h
- **Schnellste Runde 2014**
  Lewis Hamilton (Mercedes) 1.19,908 min = 206,067 km/h

11 Ungarn

Budapest 26. Juli 2015

Ein Regenguss vor dem Start machte den GP Ungarn 2014 zum Thriller

STRECKENDATEN

- Streckenlänge **4,381 km**
- Runden **70**
- Distanz **306,630 km**

www.hungaroring.hu

AUSKÜNFTE

Hungaroring Sport RT.
PF 10
HU-2146 Mogyorod
Tel.: 0036/28/444444
Fax: 0036/28/441880
E-Mail: office@hungaroring.hu

ZEITPLAN

- **Freitag**
  - 1. Training: 10.00–11.30 h MESZ
  - 2. Training: 14.00–15.30 h MESZ
- **Samstag**
  - 3. Training: 11.00–12.00 h MESZ
  - Qualifikation: 14.00 h MESZ
- **Sonntag**
  - Start F1-GP: 14.00 h MESZ

REKORDE

- **Die meisten WM-Punkte**
  Lewis Hamilton, 101 Punkte
- **Die meisten Siege**
  Michael Schumacher, Lewis Hamilton, je 4
- **Die meisten Pole-Positions**
  Michael Schumacher, 7

- **Erster Sieger (1986)**
  Nelson Piquet (Williams-Honda)
  2:00.34,508 Std = 151,804 km/h
- **Sieger 2014**
  Daniel Ricciardo (Red Bull-Renault)
  1:53.05,058 Std = 162,691 km/h
- **Pole-Position 2014**
  Nico Rosberg (Mercedes)
  1.22,715 min = 190,674 km/h

- **Schnellste Runde 2014**
  Nico Rosberg (Mercedes)
  1.25,724 min = 183,981 km/h

Vollgas-Anteil	59 %
Grip-Niveau	sehr hoch
Abtriebslevel	hoch (10/10)
Bremsen-Verschleiß	mittel
Gangwechsel/Runde	56
Benzinverbrauch/Runde	1,93 Liter
Führungswechsel 2014	8
Boxenstopps Sieger 2014	2 Runde 8/23/54
Topspeed Qualifikation 2014	315,8 km/h (Massa)
Topspeed Rennen 2014	315,6 km/h (Bottas)
Zuschauer 2014	67 000
Wetter 2014	25 Grad, Regen, bedeckt

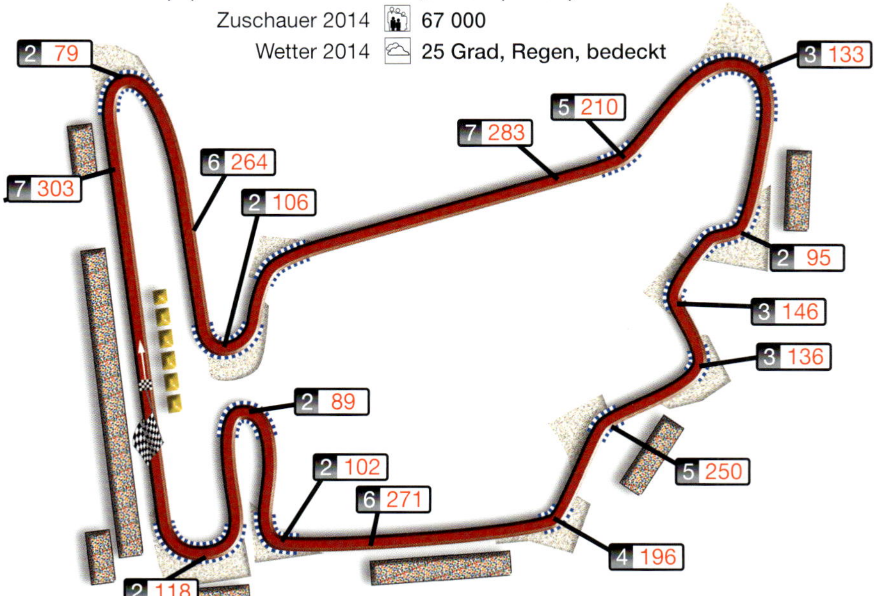

12 Belgien

Spa-Francorchamps 23. August 2015

Die letzte Achterbahn: Eine Runde in Spa misst 7,004 Kilometer

Vollgas-Anteil		72 %
Grip-Niveau		niedrig
Abtriebslevel		mittel (5/10)
Bremsen-Verschleiß		niedrig
Gangwechsel/Runde	48	
Benzinverbrauch/Runde	3,05 Liter	
Führungswechsel 2014	4	
Boxenstopps Sieger 2014	2 Runde 11/27	
Topspeed Qualifikation 2014	317,7 km/h (Rosberg)	
Topspeed Rennen 2014	344,6 km/h (Hülkenberg)	
Zuschauer 2014	70 000	
Wetter 2014	16 Grad, bewölkt	

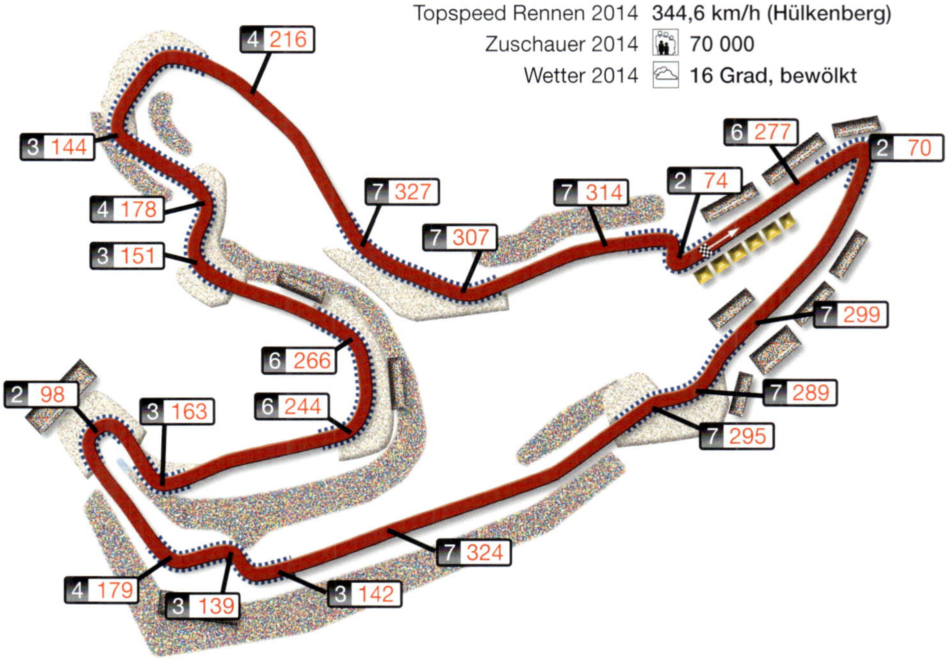

STRECKENDATEN

- Streckenlänge **7,004 km**
- Runden **44**
- Distanz **308,052 km**

www.spa-francorchamps.be

AUSKÜNFTE

Circuit de Spa-Francorchamps
Route du Circuit, 55
B-4970 Francorchamps
Tel.: 0032/87/275138
Fax: 0032/87/275296
E-Mail: commercial@spa-francorchamps.be

ZEITPLAN

Freitag
1. Training: 10.00–11.30 h MESZ
2. Training: 14.00–15.30 h MESZ

Samstag
3. Training: 11.00–12.00 h MESZ
Qualifikation: 14.00 h MESZ

Sonntag
Start F1-GP: 14.00 h MESZ

REKORDE

Die meisten WM-Punkte
Michael Schumacher, 102 Punkte

Die meisten Siege
Michael Schumacher, 6 (1992, 1995, 1996, 1997, 2001, 2002)

Die meisten Pole-Positions
Juan-Manuel Fangio, Ayrton Senna, je 4

Erster Sieger (1950)
Juan-Manuel Fangio (Alfa Romeo) 2:47.26,0 Std = 177,144 km/h

Sieger 2014
Daniel Ricciardo (Red Bull-Renault) 1:24.36,556 Std = 218,453 km/h

Pole-Position 2014
Nico Rosberg (Mercedes) 2.05,591 min = 200,766 km/h

Schnellste Runde 2014
Nico Rosberg (Mercedes) 1.50,511 min = 228,162 km/h

13 Italien

Monza 6. September 2015

STRECKENDATEN

- Streckenlänge **5,793 km**
- Runden **53**
- Distanz **306,720 km**

www.monzanet.it

AUSKÜNFTE

Autodromo Nazionale di Monza SpA
Via Vedano, 5
I-20052
Tel.: 0039/039/2482212
Fax: 0039/039/2482407
E-Mail: autodromo@monzanet.it

ZEITPLAN

- **Freitag**
  1. Training: 10.00–11.30 h MESZ
  2. Training: 14.00–15.30 h MESZ
- **Samstag**
  3. Training: 11.00–12.00 h MESZ
  Qualifikation: 14.00 h MESZ
- **Sonntag**
  Start F1-GP: 14.00 h MESZ

REKORDE

- **Die meisten WM-Punkte**
  Fernando Alonso, 101 Punkte
- **Die meisten Siege**
  Michael Schumacher, 5
  (1996, 1998, 2000, 2003, 2006)
- **Die meisten Pole-Positions**
  Juan-Manuel Fangio,
  Michael Schumacher, je 5

- **Erster Sieger (1950)**
  Nino Farina (Alfa Romeo)
  2:51.17,4 Std = 176,542 km/h
- **Sieger 2014**
  Lewis Hamilton (Mercedes
  1:19.10,236 Std = 232,450 km/h
- **Pole-Position 2014**
  Lewis Hamilton (Mercedes)
  1.24,109 min = 247,950 km/h

- **Schnellste Runde 2014**
  Lewis Hamilton (Mercedes)
  1.28,004 min = 236,976 km/h

Das Rennen mit der größten Tradition. In Monza fanden 64 Grand Prix statt

Vollgas-Anteil	75 %
Grip-Niveau	niedrig
Abtriebslevel	niedrig (2/10)
Bremsen-Verschleiß	mittel
Gangwechsel/Runde	48
Benzinverbrauch/Runde	2,55 Liter
Führungswechsel 2014	3
Boxenstopps Sieger 2014	Runde 25
Topspeed Qualifikation 2014	353,9 km/h (Rosberg)
Topspeed Rennen 2014	362,1 km/h (Ricciardo)
Zuschauer 2014	80 000
Wetter 2014	26 Grad, bewölkt

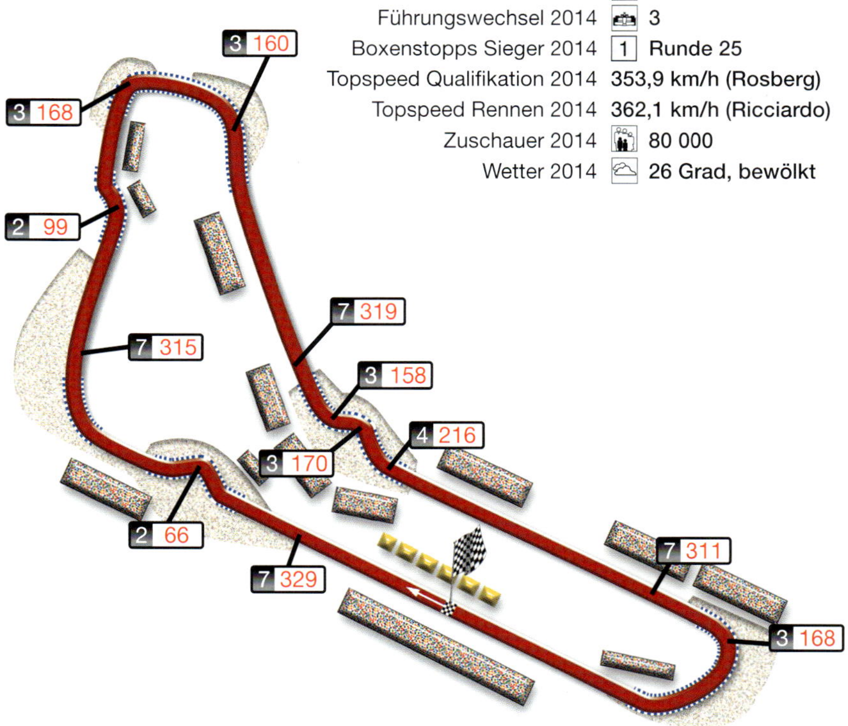

14 Singapur

Marina Bay Circuit 20. September 2015

Nachtaktiv: Singapur ist das härteste Rennen des Jahres

STRECKENDATEN

- Streckenlänge **5,073 km**
- Runden **61**
- Distanz **309,316 km**

www.singaporegp.sg

AUSKÜNFTE

Singapore GP PTE LTD.
HPL House, 50, Cascaden Road
Singapur 249742
Tel.: 0065/67386738
E-Mail: tickets@singaporegp.sg

Vollgas-Anteil	57 %
Grip-Niveau	sehr hoch
Abtriebslevel	hoch (10/10)
Bremsen-Verschleiß	sehr hoch
Gangwechsel/Runde	64
Benzinverbrauch/Runde	2,25 Liter
Führungswechsel 2014	4
Boxenstopps Sieger 2014	2 Runde 13/26/52
Topspeed Qualifikation 2014	321,7 km/h (Massa)
Topspeed Rennen 2014	325,2 km/h (Magnussen)
Zuschauer 2014	82 000
Wetter 2014	30 Grad, klar

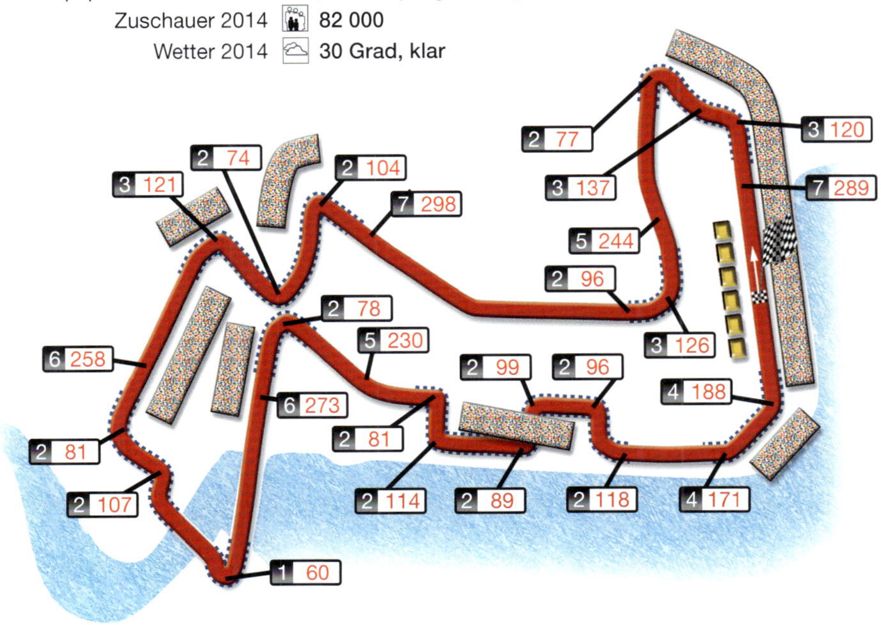

ZEITPLAN

Freitag
1. Training: 12.00–13.30 h MESZ
2. Training: 15.30–17.00 h MESZ

Samstag
3. Training: 12.00–13.00 h MESZ
Qualifikation: 15.00 h MESZ

Sonntag
Start F1-GP: 14.00 h MESZ

REKORDE

Die meisten WM-Punkte
Sebastian Vettel, 120 Punkte

Die meisten Siege
Sebastian Vettel, 3 (2011, 2012, 2013)

Die meisten Pole-Positions
Lewis Hamilton, 3

Erster Sieger (2008)
Fernando Alonso (Renault)
1:57.16,579 Std = 157,422 km/h

Sieger 2014
Lewis Hamilton (Mercedes)
2:00.04,795 Std = 151,780 km/h

Pole-Position 2014
Lewis Hamilton (Mercedes)
1.45,581 min = 172,702 km/h

Schnellste Runde 2014
Lewis Hamilton (Mercedes)
1.50,417 min = 165,138 km/h

15 Japan

Suzuka 27. September 2015

Suzuka ist der schwierigste und gefährlichste Kurs im Kalender

STRECKENDATEN

- Streckenlänge **5,807 km**
- Runden **53**
- Distanz **307,573 km**

www.suzukacircuit.co

AUSKÜNFTE

Suzuka Circuit Motorsports Section
7992 Ino-cho Suzuka City
Mie-ken 510-0295, Japan
Tel.: 0081/593/781111
Fax: 0081/593/784568
E-Mail: smcs@suzukacircuit.co.jp

ZEITPLAN

- **Freitag**
  1. Training: 3.00–4.30 h MESZ
  2. Training: 7.00–8.30 h MESZ
- **Samstag**
  3. Training: 5.00–5.00 h MESZ
  Qualifikation: 8.00 h MESZ
- **Sonntag**
  Start F1-GP: 7.00 h MESZ

REKORDE

- **Die meisten WM-Punkte**
  Sebastian Vettel, 115 Punkte
- **Die meisten Siege**
  Michael Schumacher, 6
  (1995, 1997, 2000, 2001, 2002, 2004)
- **Die meisten Pole-Positions**
  Michael Schumacher, 8

- **Erster Sieger (1987)**
  Gerhard Berger (Ferrari)
  1:32.58,072 Std = 183,615 km/h
- **Sieger 2014**
  Lewis Hamilton (Mercedes)
  1:51.43,021 Std = 137,065 km/h
- **Pole-Position 2014**
  Nico Rosberg (Mercedes)
  1.32,506 min = 225,988 km/h

- **Schnellste Runde 2014**
  Lewis Hamilton (Mercedes)
  1.51,600 min = 187,323 km/h

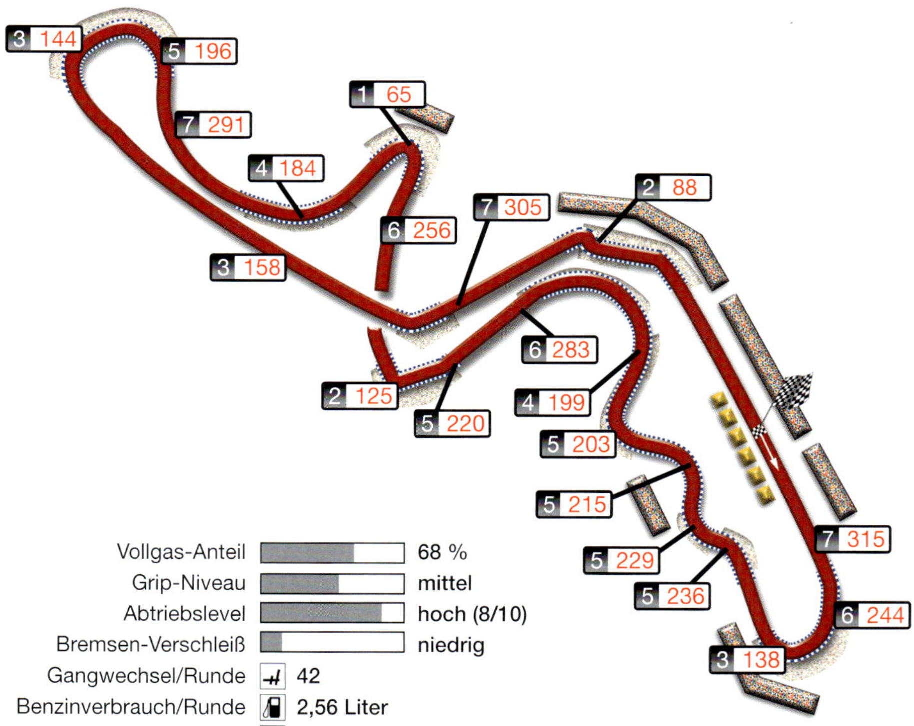

Vollgas-Anteil	68 %
Grip-Niveau	mittel
Abtriebslevel	hoch (8/10)
Bremsen-Verschleiß	niedrig
Gangwechsel/Runde	42
Benzinverbrauch/Runde	2,56 Liter
Führungswechsel 2014	3
Boxenstopps Sieger 2014	2 Runde 14/35
Topspeed Qualifikation 2014	316,9 km/h (Bottas)
Topspeed Rennen 2014	312,5 km/h (Grosjean)
Zuschauer 2014	72 000
Wetter 2014	19 Grad, Regen

16 Russland

Sochi 11. Oktober 2015

Putins Vorzeige-Grand Prix kostet 45 Millionen Dollar

STRECKENDATEN

- Streckenlänge **5,848 km**
- Runden **53**
- Distanz **305,944 km**

www.russiagrandprixtickets.com

AUSKÜNFTE

Formula Sochi
Center Omega, Urizkowo
RUS-354340 Sochi
Tel.: 007-928-2940294
E-Mail: info@formula-sochi.ru

ZEITPLAN

- **Freitag**
  1. Training: 9.00–10.30 h MESZ
  2. Training: 13.00–14.30 h MESZ
- **Samstag**
  3. Training: 11.00–11.00 h MESZ
  Qualifikation: 14.00 h MESZ
- **Sonntag**
  Start F1-GP: 13.00 h MESZ

Vollgas-Anteil	70 %
Grip-Niveau	mittel
Abtriebslevel	mittel (6/10)
Bremsen-Verschleiß	hoch
Gangwechsel/Runde	62
Benzinverbrauch/Runde	2,69 Liter
Führungswechsel 2014	0
Boxenstopps Sieger 2014	1 Runde 27
Topspeed Qualifikation 2014	337,0 km/h (Bottas)
Topspeed Rennen 2014	332,9 km/h (Massa)
Zuschauer 2014	55 000
Wetter 2014	25 Grad, sonnig

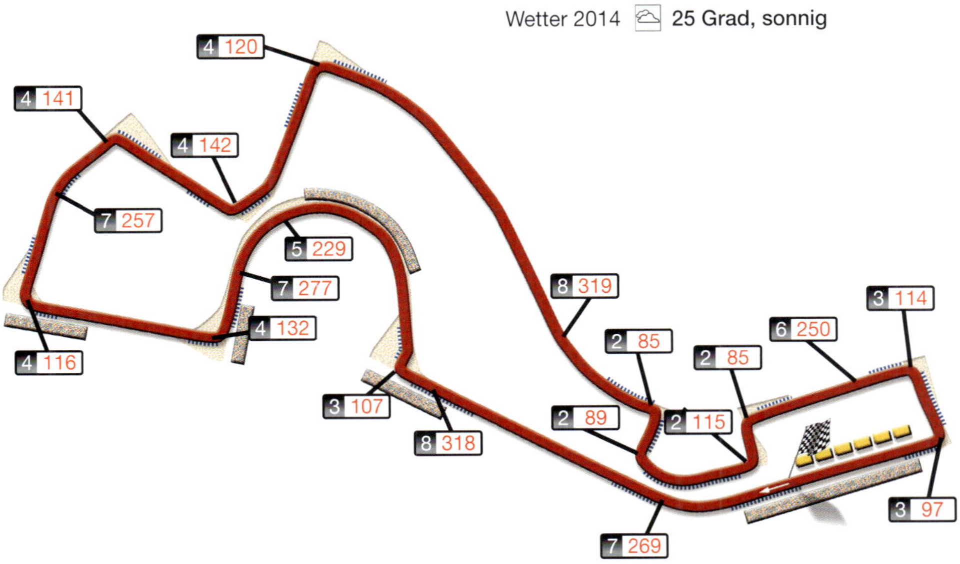

REKORDE

- **Die meisten WM-Punkte**
  Lewis Hamiton, 25 Punkte
- **Die meisten Siege**
  Lewis Hamilton, 1
- **Die meisten Pole-Positions**
  Lewis Hamilton, 1
- **Erster Sieger (2014)**
  Lewis Hamilton (Mercedes)
  1:31.52,744 Std = 202,273 km/h
- **Sieger 2014**
  Lewis Hamilton (Mercedes)
  1:31.52,744 Std = 202,273 km/h
- **Pole-Position 2014**
  Lewis Hamilton (Mercedes)
  1.38,513 min = 213,889 km/h
- **Schnellste Runde 2014**
  Valtteri Bottas (Williams-Mercedes)
  1.40,896 min = 208,837 km/h

17 USA

Circuit of the Americas 25. Oktober 2015

Austin hat sich als erfolgreiche Marke im GP-Kalender etabliert

STRECKENDATEN

- Streckenlänge **5,513 km**
- Runden **56**
- Distanz **308,405 km**

www.circuitoftheamericas.com

AUSKÜNFTE

Circuit of the Americas
301 Congress Ave., Suite 220
US-Austin, Texas 78701
Tel.: 001/512/3016600
E-Mail: tickets@circuitoftheamericas.com

ZEITPLAN

- **Freitag**
  - 1. Training: 17.00–17.30 h MESZ
  - 2. Training: 21.00–21.30 h MESZ
- **Samstag**
  - 3. Training: 17.00–17.00 h MESZ
  - Qualifikation: 20.00 h MESZ
- **Sonntag**
  - Start F1-GP: 20.00 h MEZ

REKORDE

- **Die meisten WM-Punkte**
  Lewis Hamilton, 62 Punkte
- **Die meisten Siege**
  Lewis Hamilton, 2

- **Die meisten Pole-Positions**
  Sebastian Vettel, 2
- **Erster Sieger (2012)**
  Lewis Hamilton (McLaren-Mercedes)
  1:35.55,269 Std = 192,912 km/h
- **Sieger 2014**
  Lewis Hamilton (Mercedes)
  1:40.04,785 Std = 184,896 km/h

- **Pole-Position 2014**
  Nico Rosberg (Mercedes)
  1.36,067 min = 206,593 km/h
- **Schnellste Runde 2014**
  Sebastian Vettel (Red Bull-Renault)
  1.41,379 min = 195,768 km/h

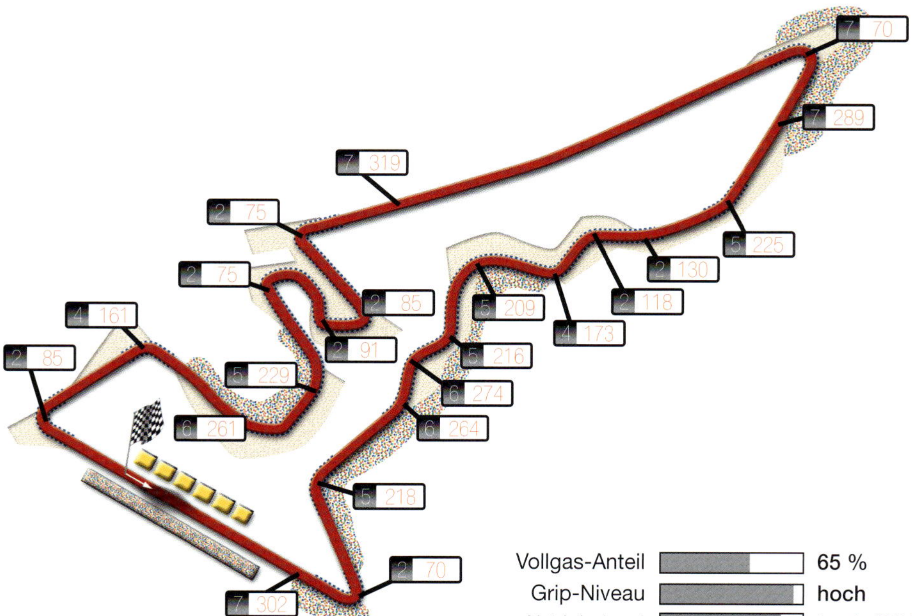

Vollgas-Anteil	65 %
Grip-Niveau	hoch
Abtriebslevel	hoch (8/10)
Bremsen-Verschleiß	mittel
Gangwechsel/Runde	58
Benzinverbrauch/Runde	2,69 Liter
Führungswechsel 2014	5
Boxenstopps Sieger 2014	2 Runde 16/33
Topspeed Qualifikation 2014	336,9 km/h (Massa)
Topspeed Rennen 2014	337,0 km/h (Vettel)
Zuschauer 2014	109 000
Wetter 2014	25 Grad, sonnig

18 Mexico

Magdalena-Mixhuca 1. November 2015

Mexiko feiert nach 23 Jahren ein GP-Comeback

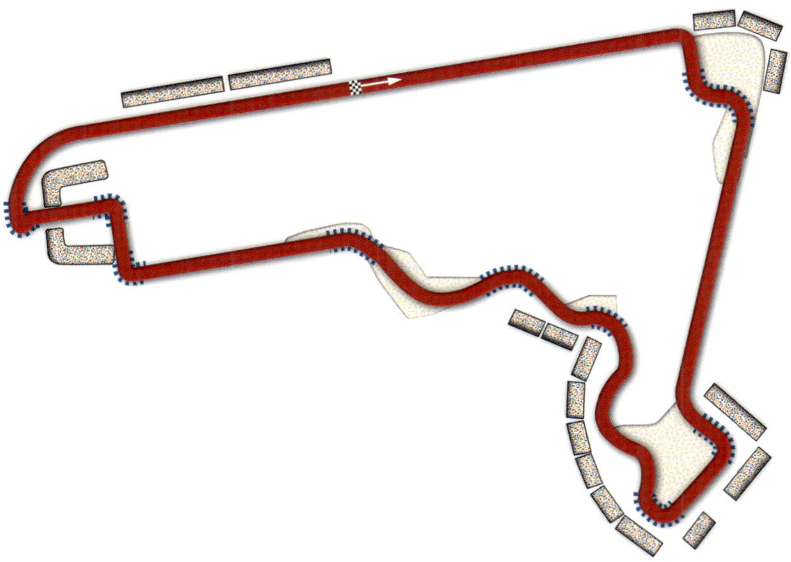

STRECKENDATEN

- Streckenlänge **4,304 km**
- Runden **71**
- Distanz **305,584 km**

www.autodromohermanosrodriguez.com

AUSKÜNFTE

Circuito Hermanos Rodriguez
Av. Viaducto Rio de la Piedad S/N
Iztacalco, Granjas Mexico
08400 Ciudad de México, D.F., Mexiko
Tel.: 0052/55/57648499
E-Mail: sales@ahr.mx

ZEITPLAN

- **Freitag**

1. Training:	17.00–18.30 h MEZ
2. Training:	21.00–22.30 h MEZ

- **Samstag**

3. Training:	17.00–18.00 h MEZ
Qualifikation:	20.00 h MEZ

- **Sonntag**

Start F1-GP:	20.00 h MEZ

REKORDE

- **Die meisten Punkte**
  Nigel Mansell, 33 Punkte
- **Die meisten Siege**
  Jim Clark, Nigel Mansell, Alain Prost, je 2
- **Die meisten Pole-Positions**
  Jim Clark, 4

- **Erster Sieger (1963)**
  Jim Clark (Lotus-Climax)
  2:09.52,1 Std = 150,152 km/h
- **Sieger 1992**
  Nigel Mansell (Williams-Renault)
  1:31.53,587 Std = 199,176 km/h
- **Pole-Position 1992**
  Nigel Mansell (Williams-Renault)
  1.16,346 min = 208,467 km/h

- **Schnellste Runde 1992**
  Gerhard Berger (McLaren-Honda)
  1.17,711 min = 204,805 km/h

DAS ZWEITE COMEBACK

Architekt Tilke modernisierte die 53 Jahre alte Strecke

Die GP-Strecke von Mexiko wurde 1962 gebaut. Sie hieß damals Magdalena-Mixhuca, wurde aber inzwischen in Circuito Hermanos Rodriguez umbenannt. Mexiko zählte von 1963 bis 1970 und 1986 bis 1992 zum GP-Kalender. Für das zweite Comeback wurde der Kurs von Hermann Tilke modernisiert. Es entstanden ein neues Boxengebäude und Fahrerlager. Der von einst 5,0 auf 4,3 Kilometer verkürzte Kurs wurde komplett neu asphaltiert. Eine Schikane durch ein Baseball-Stadion klammert die gefährliche Peraltada-Kurve aus. Auch die Haarnadel ist neu.

19 Brasilien

Interlagos 15. November 2015

Der Samba-Grand Prix: Sao Paulo liefert immer gute Rennen

STRECKENDATEN

- Streckenlänge **4,309 km**
- Runden **71**
- Distanz **305,909 km**

www.gpbrasil.com.br

AUSKÜNFTE

Autodromo Carlos Pace
Avenida Senator Teutonio, Vilelia 261
BR-Sao Paulo
Tel.: 0055/11/5219911
Fax: 0055/11/2454494
E-Mail: sales@gpbrasil.com

ZEITPLAN

- **Freitag**
  1. Training: 13.00–14.30 h MEZ
  2. Training: 17.00–18.30 h MEZ
- **Samstag**
  3. Training: 14.00–15.00 h MEZ
  Qualifikation: 17.00 h MEZ
- **Sonntag**
  Start F1-GP: 17.00 h MEZ

REKORDE

- **Die meisten WM-Punkte**
  Fernando Alonso, 107 Punkte
- **Die meisten Siege**
  Michael Schumacher, 4
  (1994, 1995, 2000, 2002)
- **Die meisten Pole-Positions**
  Ayrton Senna, Mika Häkkinen, Rubens Barrichello, Felipe Massa, je 3

- **Erster Sieger (1973)**
  Emerson Fittipaldi (Lotus-Cosworth)
  1:43.55,60 Std = 183,369 km/h
- **Sieger 2014**
  Nico Rosberg (Mercedes)
  1:30.02,555 Std = 203,843 km/h

- **Pole-Position 2014**
  Nico Rosberg (Mercedes)
  1.10,023 min = 221,533 km/h
- **Schnellste Runde 2014**
  Lewis Hamilton (Mercedes)
  1.13,555 min = 210,895 km/h

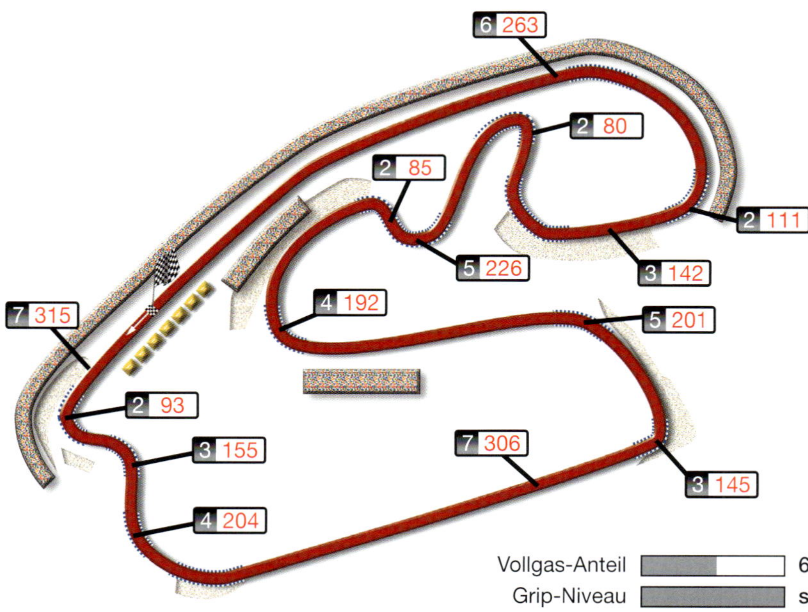

Vollgas-Anteil	67 %
Grip-Niveau	sehr hoch
Abtriebslevel	mittel (7/10)
Bremsen-Verschleiß	mittel
Gangwechsel/Runde	38
Benzinverbrauch/Runde	1,86 Liter
Führungswechsel 2014	7
Boxenstopps Sieger 2014	3 Runde 7/26/50
Topspeed Qualifikation 2014	342,9 km/h (Massa)
Topspeed Rennen 2014	334,4 km/h (Kvyat)
Zuschauer 2014	68 000
Wetter 2014	26 Grad, bewölkt

20 Abu Dhabi

Yas Marina Circuit 29. November 2015

Tag und Nacht: Abu Dhabi diesmal ohne doppelte Punkte

STRECKENDATEN

- Streckenlänge **5,554 km**
- Runden **55**
- Distanz **305,355 km**

www.yasmarina-circuit.ae

AUSKÜNFTE

Yas Marina Circuit
Abu Dhabi Motorsports Management
P.O. Box 130001
Tel.: 00971/4/3662125
E-Mail: info@abudhabigp.com

ZEITPLAN

Freitag

1. Training:	10.00–11.30 h MEZ
2. Training:	14.00–15.30 h MEZ

Samstag

3. Training:	11.00–12.00 h MEZ
Qualifikation:	14.00 h MEZ

Sonntag

Start F1-GP:	14.00 h MEZ

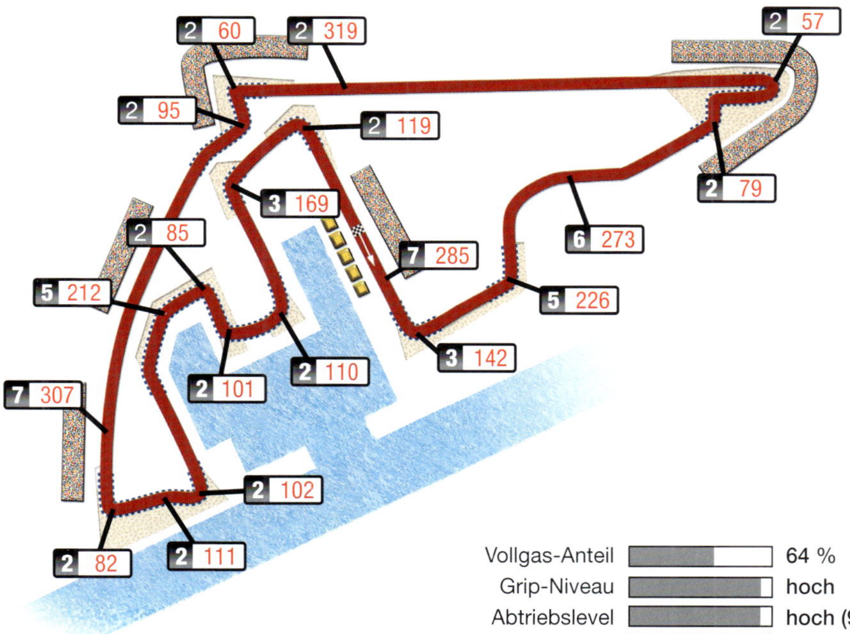

Vollgas-Anteil		64 %
Grip-Niveau		hoch
Abtriebslevel		hoch (9/10)
Bremsen-Verschleiß		mittel
Gangwechsel/Runde	54	
Benzinverbrauch/Runde	2,46 Liter	
Führungswechsel 2014	5	
Boxenstopps Sieger 2014	2 Runde 10/31	
Topspeed Qualifikation 2014	341,8 km/h (Bottas)	
Topspeed Rennen 2014	337,7 km/h (Bottas)	
Zuschauer 2014	60 000	
Wetter 2014	27 Grad, klar	

REKORDE

- **Die meisten WM-Punkte**
  Lewis Hamilton, 99 Punkte

- **Die meisten Siege**
  Sebastian Vettel, 3 (2009, 2010, 2013)
- **Die meisten Pole-Positions**
  Sebastian Vettel, 3
- **Erster Sieger (2009)**
  Sebastian Vettel (Red Bull-Renault)
  1:34.03,414 Std = 194,789 km/h

- **Sieger 2014**
  Lewis Hamilton (Mercedes)
  1:39.02,619 Std = 184,982 km/h
- **Pole-Position 2014**
  Nico Rosberg (Mercerdes)
  1.40,480 min = 198,989 km/h

- **Schnellste Runde 2014**
  Daniel Ricciardo (Red Bull-Renault)
  1.44,496 min = 191,341 km/h

They ever

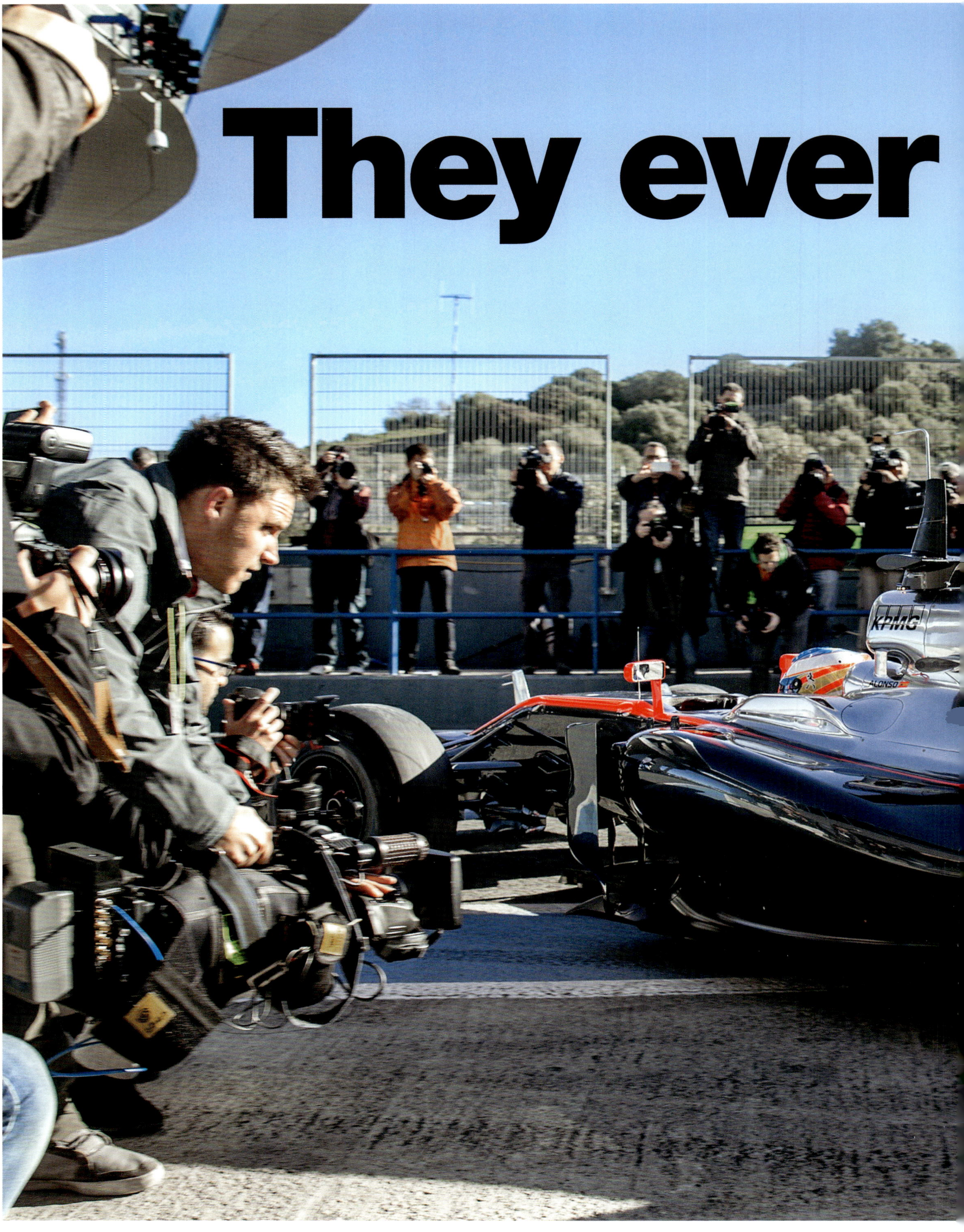

come back

Honda kann von der Formel 1 nicht lassen. Seit dem Debüt 1964 am Nürburgring gaben die Japaner drei Mal ihren Abschied und kamen genauso oft zurück. Jetzt wird die Ehe mit McLaren wiederbelebt.

Este Ausfahrt: Alonso fährt in Jerez aus der Box

Die erste Ära: 1964-1968

Debüt 1964 am Ring mit querliegendem V12

Als sie kamen, wurden sie bestaunt wie Eindringlinge von einem fernen Planeten. 1964 tauchte Honda zum ersten Mal in der Formel 1 auf. Ausgerechnet am Nürburgring, der schwierigsten Strecke der Welt. Nicht mit einem Allerweltsauto. Nein, der 1,5 Liter Zwölfzylinder war quer eingebaut. Von dem Fahrer hatte noch nie einer gehört. Ronnie Bucknum war ein amerikanischer Sportwagen-Pilot. Er kannte weder die Formel 1 noch den Nürburgring.

Der Start war bescheiden. Bucknum ging mit 56 Sekunden Rückstand auf die Pole Position vom letzten Startplatz aus ins Rennen. Der Veranstalter zeigte ein Herz für die Neulinge. Weil die Japaner im Rahmen der offiziellen Trainingszeit nicht die zur Startberechtigung erforderlichen fünf Runden zurückgelegt hatten, wurde ein Extratraining angesetzt. Nach elf Runden war das Debüt des weißen Autos mit dem roten Punkt auf der Nase vorbei. Bucknum setzte das Auto im Karussell in einen Graben.

Honda nahm eine Auszeit, hauchte dem Honda V12 bis zu 220 PS ein und speckte den übergewichtigen RA272 ab. In Monza war Honda zurück.

Und wie! Bucknum stellte Japans Stolz auf den zehnten Startplatz, nur noch drei Sekunden hinter John Surtees. Der unbedarfte Amerikaner hatte es im Rennen schon auf Platz 7 geschafft, als die Bremsen versagten. Ein Jahr darauf hatten die Exoten aus dem fernen Osten noch mehr gelernt. Der Zwölfzylinder war mit 230 PS bei 12 000/min das stärkste Triebwerk im Feld. Richie Ginther gewann damit in Mexiko den letzten Grand Prix der 1,5 Liter-Ära.

Mit Surtees nach England

Honda war auf den Geschmack gekommen. Doch japanische Mühlen mahlen langsam. Bis der RA273 für die neue Rennformel mit drei Liter Hubraum ab 1966 fertig war, ging viel Zeit ins Land. Das neue Auto mit seinem 390 PS starken V12 und neun (!) Einzeltanks quer über das Chassis verteilt debütierte erst beim drittletzten Rennen in Monza. Es war mit 732 Kilogramm viel zu schwer. Dafür zählte der Motor wieder zu den Klassenbesten. 1967 heuerte Honda John Surtees an. Auch weil der Weltmeister von 1967 viel technisches Verständnis mitbrachte. Firmengründer Soichiro Honda akzeptierte den Vorschlag seines Fahrers, die Chassisproduktion nach England auszulagern.

Surtees erinnert sich an seinen ersten Kontakt mit Hondas grauer Eminenz, der ihn in seinem verbissenen und visionären Eigensinn an Enzo Ferrari erinnerte: „Wir haben ausgemacht, dass ich 1967 das Auto in meiner Werkstatt in Slough entwickeln und nach Sponsoren suchen würde. Zu meiner Überraschung sagte er zu. Wir mussten mit dem Vorjahresmotor fahren. Zunächst wog das Auto rund 80 Kilogramm mehr als die Konkurrenz." Surtees baute innerhalb von sechs Wochen das Chassis auf der Basis eines Indianapolis-Lola auf und sparte 46 Kilogramm. Damit gewann er den GP Italien und verhalf Honda in dieser Saison mit 20 Punkten zum vierten WM-Platz.

Honda und Surtees hatten einen Fünfjahresplan vereinbart. Der wurde gestoppt, als Jo Schlesser 1968 beim GP Frankreich

TEAMS: Honda **GP-STARTS:** 35 **GP-SIEGE:** 2 (Honda) **WM-TITEL:** -

❶ Verfolgungsjagd: Surtees hetzt im Honda RA273 Ferrari-Pilot Bandini 1967 in Monaco ❷ Honda setzte 1968 zwei Motoren ein: einen V8 und einen V12 ❸ Honda nutzt die Formel 1 als Trainingscamp für junge Ingenieure ❹ Schlesser beim Unglücksrennen 1968 in Rouen im Honda RA302

tödlich verunglückte. Ausgerechnet jenem Rennen, in dem Surtees mit dem zweiten Platz das erste Erfolgserlebnis des Jahres beisteuerte. Der Engländer saß in einem RA301 mit dem üblichen Zwölfzylinder im Heck. Formel 1-Neuling Schlesser wurde in ein Experimentalauto mit einem luftgekühlten V8 gesetzt.

Rückzug nach Schlessers Tod

Surtees hatte seinen Partnern abgeraten, das Auto an den Start zu bringen. „Das hatte aber nichts mit dem Unfall zu tun. Einige Ideen, die in dem Auto steckten, waren es wert, weiter entwickelt zu werden. Wenn sie den Motor wassergekühlt hätten, hätte es ein gutes Auto werden können. Es war aber in Rouen einfach noch nicht fertig, um zuverlässig ein Rennen fahren zu können. Der Unfall war ein unglücklicher Zwischenfall. Schlesser starb in einem Auto, das den Namen Honda trug."

Ende 1968 fiel der Rollbalken. Zum ersten Mal in der langen Beziehung zwischen Honda und der Formel 1. Es sollte sich noch

> „In den 80er Jahren kehrte Honda mit einem V6-Turbo zurück. Spirit spielte den Türöffner für Williams und McLaren"

zwei Mal wiederholen. 1983 war Honda wieder da. Diesmal nur mit einem Motor und besser vorbereitet als beim ersten Mal. Die Ingenieure hatten für das Turbo-Abenteuer in der Formel 2 geübt. Der Basis-Sechszylinder wurde in den Jahren zuvor in der kleineren Spielklasse erprobt. Auch für den Formel 1-Einstieg wählte Honda nicht gleich ein Topteam. Der Außenseiter Spirit machte die ersten Gehversuche mit dem V6-Turbo, der mit 80 Grad den gleichen Bankwinkel aufwies wie der gleichzeitig entwickelte Porsche-Motor. Zufall, keine Sabotage. Das Ziel von Honda war Williams. Mit dem damaligen Topteam gelang 1984 zwar bereits der erste GP-Sieg, doch bis daraus eine verlässliche Erfolgskombination wurde, gingen noch zwei Jahre ins Land.

Die Honda-Motoren hatten zwar von Anfang an Power, doch die wurde digital verteilt. Entweder war gar nichts oder alles da. Honda löste das Problem mit einem unglaublichen Aufwand an Mensch und Material. Teilweise wurde mitten in der Saison ein komplett neuer Motor gebaut.

Power ja, Fahrbarkeit nein

1986 gaben die Turbo-Raketen aus Tokio standfeste 1160 PS bei 12 000/min ab. Und sie waren fahrbar. Williams vergeigte die Weltmeisterschaft nur, weil das Team seine Starpiloten Nelson Piquet und Nigel Mansell gegeneinander hetzte, statt einen zum WM-Kandidaten zu bestimmen. Alain Prost bedankte sich. Der Titel ging an McLaren-Porsche. Das verziehen die Japaner ihrem Chassispartner nie. 1988 wurde Williams

Senna beherrscht im McLaren-Honda den GP Ungarn1988

ausgeklinkt. Obwohl Piquet 1987 den heiß ersehnten Titel gewann.

Doch mit McLaren-Honda wuchs 1988 eine Ehe heran, bei der sich die Besten mit den Besten verbündeten. John Barnards MP4-4 Chassis, die Power des Honda RA168E im Heck, Ayrton Senna und Alain Prost im Cockpit. Das Resultat der Elefantenhochzeit waren 15 erste Plätze in 16 Rennen. Und ein Motor, der an Effizienz den aktuellen Hybrid-Triebwerken nicht viel nachstand. Die Techniker um Osamu Goto und Michio Kawamoto kitzelten 700 PS aus einem Motor, der auf 2,5 bar Ladedruck begrenzt war und auf eine Renndistanz nur 150 Liter Kraftstoff bekam.

V12-Experiment ohne Not

1989 stieg die Königsklasse auf Saugmotoren um. Diesmal bestimmte Honda mit seinem 3,5 Liter Zehnzylinder von Anfang an die Musik. Normalerweise brauchten die Japaner immer ein bisschen Anlaufzeit, weil der erste Versuch stets etwas konservativ ausgefallen war. Doch die WM-Titel 1989

> „Honda glaubt an die Kraft des Wettbewerbs. Der Rennsport generiert neue Technologien und bessere Ingenieure"

und 1990 gingen erneut an die Kombination McLaren-Honda. Dann leistete sich Tokio wie schon 1968 den Luxus eines technischen Experiments. Statt den V10 weiterzuentwickeln, bauten Michio Kawamoto und seine Kollegen im Wako-Center einen neuen Zwölfzylinder. Er war schwer, groß, durstig und anfangs nicht einmal viel stärker als der V10.

Senna wurde nur deshalb ein drittes Mal Weltmeister, weil Williams in der ersten Saisonhälfte zu viele Ausfälle beklagte. Die Lust auf neue technische Abenteuer war nicht das einzige Eigentor, dass sich Honda schoss. John Surtees zählt weitere Schwachpunkte der Firmenpolitik auf: „Zuerst die Entfernung und die unterschiedlichen Zeitzonen. Aber auch ihre Einstellung. Sie glaubten an die Kraft des Wettbewerbs im Rennsport. Ihrer Meinung nach entwickelten Autorennen nicht nur neue Technologien, sondern bessere Ingenieure. Weil sie dort unter Druck arbeiten müssen. Deshalb herrschte ein ständiges Kommen und Gehen. Es gab keine Stabilität im Technikbüro. Und du hattest ständig mit unerfahrenen Leuten zu tun."

Mugen als Nabelschnur

1992 zeigte sich, dass Honda mit dem V12 in eine Sackgasse gelaufen war. Trotz einer kompletten Neukonstruktion mit 75 statt 60 Grad Zylinderwinkel. Williams holte sich mit dem Renault V10 überlegen den Titel. Und Honda stieg aus. Zum zweiten Mal. Doch diesmal hatte Honda über seine Tochterfirma Mugen eine Nabelschnur zur Formel 1 gelegt. Soichiro Hondas Sohn Hiroto-

TEAMS: Spirit, Williams, Lotus, McLaren **GP-STARTS:** 151 **GP-SIEGE:** 69 (Williams, McLaren, Lotus) **WM-TITEL:** 5 (1987 Williams, 1988, 1989, 1990, 1991 McLaren)

❶ Die Ehe mit Williams wirft für Honda erst 1987 den ersten Titel ab. 1986 (Bild) wird er vergeigt ❷ Das kleine Spirit-Team war für Honda nur ein Türöffner ❸ Das erfolgreichste Auto der Honda-Historie: Der McLaren MP4-4 gewann 15 Rennen ❹ Senna war Hondas Lieblingspilot ❺ Die Partnerschaft mit Lotus brachte nur zwei Siege

shi lieferte den guten alten Zehnzylinder unter dem Mugen-Etikett an Kunden. 1999 wäre das Triebwerk im Jordan um ein Haar Sensations-Weltmeister geworden. 2000 kehrte dann das Werk zurück. Zuerst mit BAR und Jordan, später nur mit BAR.

Der beste V10 im Feld

Und wieder mit einem Dreiliter-Zehnzylinder. Erneut war das erste Exemplar ein solides Trumm Metall, das zwar standfest, aber zu schwer war. Doch Schritt für Schritt feilte die Truppe um Shuhei Nakamoto und Takeo Kiuchi an ihrem Triebwerk, bis es 2005 mit 965 PS bei knapp 19 000/min das Maß aller Dinge war. „Das Ziel waren 1000 PS", gab Kiuchi zu. Das Reglement verhinderte das Einreißen der Schallmauer.

Max Mosley verordnete der Formel 1 in der Saison 2006 Achtzylinder-Motoren mit 2,4 Liter Hubraum, Mindestgewicht und Einheitsmaßen. Just in dem Augenblick, als aus BAR das Honda-Werksteam wurde. Das wurde in Budapest mit dem dritten GP-Sieg

Mühsamer Anfang: McLaren-Honda spult in Jerez 350 Kilometer an vier Tagen ab

für einen echten Honda gefeiert. Jenson Buttons Timing passte perfekt. Honda-Präsident Takeo Fukui war gerade vor Ort. Ein Racer durch und durch, genauso wie der 1991 verstorbene Soichiro Honda.

Doch nach 2006 zeigte die Formkurve bergab. Honda reagierte zu spät auf den Entwicklungsstopp der Motoren. Sechs Punkte 2007, 14 Zähler eine Saison später. Trotz des neu angeheuerten Teamchefs Ross Brawn. Ende 2008 beschloss der Vorstand in Tokio überraschend den Ausstieg aus dem GP-Sport. Die Wirtschaftskrise hatte Spuren hinterlassen, und die Erfolglosigkeit gab den internen Kritikern Recht. Offiziell begründete Honda den Rückzug damit, dass sich der Konzern auf zukunftsweisende Technologien konzentrieren müsse.

Die bietet das Formel 1-Reglement seit 2014 wieder an. Kaum war die Hybrid-Formel beschlossen, keimte im fernen Japan wieder ein Formel 1-Plan. Er wurde am 16. Mai 2013 offiziell verkündet. McLaren und Honda verbündeten sich ein zweites Mal. Mit der Saison 2015 als Startpunkt.

McLaren-Ehe wiederbelebt

Und einer erfolgreichen Historie. Zwischen 1988 und 1992 wurden acht WM-Titel und 44 GP-Siege angehäuft. Mit Fernando Alonso und Jenson Button sitzen wie einst mit Senna und Prost zwei Weltmeister im Auto.

Die dritte Ära: 2000-2008

Keine Sponsoren, nur sechs Punkte: 2007 war der Tiefpunkt der Honda-Historie

Sie bringen es zusammen auf 500 GP-Einsätze und haben 47 Siege und drei Titel.

Doch McLaren hat seit dem GP Brasilien 2012 kein Rennen mehr gewonnen. Der zweitälteste Rennstall der Formel 1 fuhr zuletzt nur noch hinterher. 2014 reichte es mit Ach und Krach zu Rang fünf in der Gesamtwertung. Die Punktezahlen haben sich gegenüber 2012 halbiert.

McLaren im Abwärtstrend

Der letzte WM-Titel liegt sieben Jahre zurück. Und Honda kehrt zurück in eine Serie, die von Mercedes dominiert wird. Die Japaner hatten den besten Anschauungsunterricht. Honda konnte sich am Beispiel Mercedes abschauen, wo die Messlatte liegt, muss den Weg dorthin aber selbst finden. Und genau das ist bei der komplexen Technik ein großes Problem.

Der Druck ist riesig. Wegen der Vergangenheit, wegen der berühmten Namen im Cockpit, wegen der hohen Erwartungshaltung der Öffentlichkeit. Wer einmal erfolgreich war, muss es immer sein. Alonso ist

Fernando Alonso: „Ich habe fünf Jahre bei Ferrari Geduld bewiesen"

nicht für seinen langen Geduldsfaden bekannt, auch wenn er sagt. „Ich schließe mich diesem Projekt an im Wissen, dass sich die Resultate nicht sofort einstellen werden. Damit habe ich kein Problem." Und auf seine hohe Erwartungshaltung angesprochen, meint der Spanier unwirsch: „Ich habe bei Ferrari fünf Jahre lang bewiesen, dass ich Geduld habe."

Auch Jenson Button spielt auf Zeit. „Ich habe nie erwartet, dass wir gleich ohne Probleme aus der Garage fahren. Dies ist ein Projekt, das Zeit braucht." Der Engländer sicherte sich in letzter Minute das Cockpit bei McLaren. Eigentlich schien Kevin Magnussen gesetzt. Doch der erhoffte Sponsor Lego biss nicht an. Da drängten die anderen Anteilseigner von McLaren Ron Dennis dazu, auf die sichere Karte Button zu setzen.

McLaren hat im abgelaufenen Jahr aber auch vier potenzielle Hauptsponsoren verprellt und alte Geldgeber verloren. Wenn Firmenchef Ron Dennis nicht noch in letzter Minute einen großen Geldgeber aus dem Hut zaubert, dann werden die Overalls ziemlich weiß bleiben.

Aerodynamikbüro neu besetzt

Immerhin begann sich die Neubesetzung des Aerodynamikbüros mit Peter Prodromou von Red Bull, Tony Salter von Sauber und Guillaume Catalani und Ettore Graffini von Lotus bereits im letzten Saisondrittel 2014 auszuzahlen. Kaum legte Prodromou

TEAMS: BAR, Jordan, Honda **GP-STARTS:** 154 **GP-SIEGE:** 1 **WM-TITEL:** -

1

3

4

2

❶ Das letzte Jahr vor dem Ausstieg: Button verzweifelte am Honda V8 ❷ Honda beim Boxenstopp: Das Team blieb beim GP Frankreich 2006 punktelos ❸ Der dritte Sieg für das Werksteam: Button gewinnt den GP Ungarn 2006 ❹ Sato, Button und Honda-Ingenieure feiern das 40-jährige GP-Jubiläum ❺ Beim GP England 2006 verabschiedet sich der Honda V8 in einer gewaltigen Rauchwolke

5

Hand an, wurde der McLaren schneller. Spötter sagen: Er wurde dabei dem Red Bull auch immer ähnlicher.

Größtes Fragezeichen ist der neue Honda-Motor. Die Japaner haben sich bei ihrem ersten Test-Auftritt in Abu Dhabi bis auf die Knochen blamiert. Fünf Runden an zwei Tagen. Keine Rundenzeit. Beim ersten Wintertest in Jerez lief es nicht viel besser. 79 Runden an vier Tagen. Dazu 6,8 Sekunden hinter der Bestzeit. Die Elektronikboxen kommunizierten nicht miteinander. Eigentlich ein kleines Problem. „Doch dadurch sehen wir nicht, ob es auch große Probleme gibt", klagt Honda-Berater Gilles Simon. Der frühere Ferrari-Motorenchef baut vor: „Wir hatten nur zwei Jahre Anlaufzeit. Bei unseren Gegnern waren es drei."

Elektronik kommuniziert nicht

Auf dem Prüfstand lässt sich das nur schwer simulieren. Obwohl Honda wie Mercedes über einen so genannten VTT-Prüfstand verfügt. Da werden Motor und Getriebe im Originalauto getestet. Doch im Labor liegt

Jenson Button: „Ich bin auf ein Projekt eingestellt, das Zeit braucht"

ein Kabel nicht immer hundertprozentig dort, wo es sich im Auto befindet. Da vibriert sich kein Stecker los oder schlägt ein Sensor Alarm, weil er überhitzt.

Honda hatte sich 4000 Kilometer Vorbereitung zum Ziel gesetzt. Eine Utopie. Dafür loben die McLaren-Ingenieure ihr neues Auto. Keines sei so flach, so schlank, so zierlich wie der neue McLaren MP4-30. Dafür baut er aber auch mächtig in die Länge. Der problematische Start in die Testsaison hat bereits erste Spuren hinterlassen. Chefingenieur Matt Morris gibt zu, dass McLaren wegen der Rundendiät seinen Entwicklungsfahrplan abgeändert hat. „Wir haben das Aero-Programm verlangsamt. Es macht keinen Sinn Upgrades zu bringen, wenn du mangels Kilometern noch keine Erfahrung mit dem Basispaket gemacht hast."

Der frühere Sauber-Technikchef verrät auch das erste Etappenziel von McLaren-Honda: „Der Plan war, die Saison auf dem Stand zu beginnen, wo wir 2014 aufgehört haben. Das setzt aber einen Testverlauf ohne größere Zwischenfälle voraus."

Der Honda V6-Turbo wird komplett in Japan entwickelt. Die Elektrobausteine im Zusammenspiel mit McLaren. Acht Stunden Zeitdifferenz und 9600 Kilometer Entfernung sind nicht hilfreich, wenn man schnell reagieren muss. Dazu kommt, dass die Motorabteilung in Japan kleiner ist als bei Mercedes und Ferrari. Fazit eines Honda-Mannes: „Das wird ein hartes Jahr."

HSF

Meister aller Klassen

John Surtees ist der einzige Mensch, der auf zwei und vier Rädern Weltmeister wurde. Nach sieben Motorrad-Titeln gewann er am 25. Oktober 1964 die Formel 1-Weltmeisterschaft. Surtees blickt zurück.

In Bahrain 2010 zwängte sich Surtees noch einmal in den Ferrari 1512 von 1965

Treffen der Weltmeister: Surtees ist heute der älteste noch lebende Champion

Vor 50 Jahren wurden Sie in Mexiko-City Formel 1-Weltmeister. Wie lief die Saison 1964 im Rückblick ab?

Surtees: Mexiko war das Ende eines schwierigen Jahres mit vielen Zuverlässigkeitsproblemen. Wir waren zu Beginn der Saison nicht besonders schnell, weil Ferrari sich zunächst stark auf die Sportprototypen konzentriert hat. Erst nach den 24 Stunden von Le Mans investierte Ferrari mehr Arbeit in das Formel 1-Auto. Ein wichtiger Moment für die Wende war das Rennen auf der Solitude, das eine Woche vor dem GP Deutschland am Nürburgring stattfand. Dort haben wir mit Erfolg einen neuen Regler für die Einspritzung getestet. Unser Problem war der Achtzylinder-Motor. Die Leistung war nicht gleichmäßig verteilt. Entweder hatten wir unten oder oben Power. Das lag an der Bosch-Einspritzung, die für Motoren mit größerem Hubraum entwickelt worden war als die 1,5 Liter, die unser Formel 1-Motor damals hatte. Die englischen V8-Motoren von Climax und B.R.M. verfügten besonders im mittleren Drehzahlbereich über ordentlich Leistung. Unser Motor war nur bei bestimmten Wetterbedingungen konkurrenzfähig. Es durfte nicht zu kalt und nicht zu warm sein, damit das Gemisch richtig aufbereitet wurde. Das verbesserte Ansprechverhalten unseres V8 zahlte sich bereits am Nürburgring aus, weil es dort viele Passagen gibt, wo der Motor gut am Gas hängen musste. Ich habe das Rennen dann gewonnen, und das hat mich zurück ins Titelrennen gebracht.

Wie ging es weiter?

Surtees: Beim nächsten Rennen in Österreich führte ich wieder, als die Hinterradaufhängung brach. Mein Teamkollege Lorenzo Bandini gewann, was uns darin bestätigte, dass wir jetzt ein gutes Auto

> „Nach dem Unfall in Mosport war ich auf einer Seite um vier Zoll kürzer. Mein Becken war gespalten, die Oberschenkel gebrochen und die Nieren gequetscht"

hatten. In Monza passten dann die Strecke und das Wetter perfekt für unseren Motor. Oben raus hatten wir ja schon immer gut Leistung. Und im Gegensatz zu Spa zu Beginn der Saison hielten diesmal auch die Kolben durch. Mein zweiter Sieg in diesem Jahr brachte mir die WM-Führung. Es ging aber nicht ohne Drama ab. B.R.M.-Boss Louis Stanley versuchte, mir ein Startverbot anzuhängen. In der Woche zuvor hatte ich bei einem Rennen in Goodwood mit einem Ferrari GTO einen Unfall, bei dem ich mir den Kopf angeschlagen hatte. Ich zog mir eine leichte Gehirnerschütterung zu, was Stanley veranlasste, meine Teilnahme aus medizinischen Gründen verbieten zu lassen. Da hat unser Teammanager, Herr Dragoni, mir das einzige Mal in meiner Ferrari-Karriere geholfen. Ich hatte kein gutes Verhältnis zu ihm. Diesmal aber brachte er mich nach Mailand zu einem Institut, das mit Doktoren der Nasa zusammenarbeitete. Die hatten ein Verfahren entwickelt, mit dem man anhand der Reaktionen feststellen konnte, ob ich fit war, ein Rennen zu fahren. Sie haben mich verkabelt und festgestellt, dass alles in Ordnung war.

Das Finale in Mexiko verlief dramatisch. Ein Dreikampf zwischen Ihnen, Graham Hill und Jim Clark. Erinnern Sie sich noch an Details?

Surtees: Und ob. Ich freute mich nicht besonders auf dieses Rennen. Die Höhe von über 2000 Metern stellte uns wieder vor große Motorprobleme. Erneut standen wir vor der Aufgabe, die Gemischaufbereitung optimal einzustellen. Wir begannen mit mager und bezahlten mit einem Motorschaden. Der Einsatz des neuen Zwölfzylinders erschien uns zu heikel. Ferrari reicherte das Gemisch an. Beim Start des Rennens lief der Motor plötzlich nicht mehr auf acht Zylindern. Ich fiel bis auf die 13. Stelle zurück. Nach ein paar Runden begann der Motor auch noch zu überhitzen, was aber den schönen Nebeneffekt hatte, dass er plötzlich wieder auf acht Zylindern lief. Dann begann ich mit meiner Aufholjagd, die mich hinter meinen Teamkollegen Lorenzo Bandini und Graham Hill brachte. Die waren in ein hartes Duell miteinander verstrickt.

Es wurde später gemutmaßt, Bandini hätte Hill absichtlich von der Strecke gerammt, um Ihnen zu helfen. Stimmt das?

Surtees: Ich sehe das anders. Graham hatte zwei Ferrari im Rückspiegel. Er wusste gar nicht, wo er zuerst hinschauen sollte, und hat versucht, seine Linie so zu wählen, dass ihn keiner von uns austricksen konnte. Als wir im Dreierpack auf die Haarnadel zuflogen, konnte ich sehen, wie Graham die Innenspur blockierte und Lorenzo außen angriff. Am Kurvenausgang kreuzten sich ihre Wege, weil Graham nach außen getragen wurde und Lorenzo innen in die Lücke stoßen wollte. Sie stießen zusammen, und ich tauchte innen durch. Ich hatte dann das Glück, dass Jimmy Clark ausfiel, aber da ich im Verlauf der Saison mehr technische Probleme hatte als er, empfand ich das als ausgleichende Gerechtigkeit. Dan Gurney gewann, ich wurde Zweiter. Das machte mich zum Weltmeister.

Waren Sie in dem Finale in Mexiko immer über den WM-Stand informiert?

Surtees: Ich hatte keine Ahnung, bin einfach nur gefahren. Funk gab es ja nicht. Für mich war es nur ein Rennen von vielen. Über den WM-Stand habe ich mir keine Gedanken gemacht. Ich sagte mir: Fahr so schnell es geht, ohne dass dein Auto zusammenbricht, und der Rest ergibt sich von selbst. Bei der Zieldurchfahrt wusste ich nicht, ob es zum Titel gereicht hat. Als ich an die Boxen zurückkam, sah ich meinen Chefmechaniker Borsari mit einem breiten Grinsen und der Ferrari-Flagge. Da wusste ich, dass ich den Titel hatte.

Sie sind der der einzige Weltmeister auf zwei und vier Rädern. Ein Rekord für die Ewigkeit. Macht Sie das stolz?

Surtees: Wer weiß, vielleicht versucht es ja noch einer. Ich war auf jeden Fall der erste, und das macht mich stolz. Ich habe mich mal mit Valentino Rossi über seine Vierrad-Ambitionen unterhalten. Er hat mir gesagt, dass er Motorräder lieber hat.

Hatten Sie Ihre Karriere immer so geplant. Zuerst Motorrad, dann Auto?
Surtees: Es war nie so geplant. Ich bin mit Motorrädern aufgewachsen. Mein Vater war im Krieg Motorrad-Kurier. Angefangen hat alles mit einer Bombe im Krieg, die in unseren Garten fiel. Wir zogen daraufhin nach Yorkshire um. In einer der Umzugskisten lag ein ganzer Stapel Zeitschriften. Oben drauf war ein Motorradmagazin mit einem Foto von der Isle of Man TT auf dem Titel. Das Bild zeigte Schorsch Meier, wie er mit seiner BMW über die Kuppe von Bray Hill flog. Das hat mich fasziniert. Nach dem Krieg fuhr mein Vater wieder Motorradrennen, und ich begleitete ihn. Zuerst nur als Beifahrer und sein Mechaniker. Dann habe ich meine Motorräder selbst aufgebaut, mit einer Vincent angefangen, Rennen zu fahren, und bin dann schließlich zu Norton gewechselt. Nachdem ich Weltmeister Geoff Duke geschlagen hatte, nahm mich MV Agusta unter Vertrag.

Und wie kamen sie zu Rennautos?
Surtees: 1958 ging ich auf die Ehrung des Sportlers des Jahres. Mike Hawthorn war gerade Formel 1-Weltmeister geworden. Ich hatte den Motorradtitel gewonnen. Wir saßen am gleichen Tisch mit Reg Parnell, der Teamchef von Aston Martin war, und mit Vanwall-Gründer Tony Vanderwell. Hawthorn sagte plötzlich: John, du solltest Autorennen fahren. Autos stehen besser als Motorräder. Zwei Monate später rief mich Reg Parnell an. Er bot mir den Aston Martin DBR1 zum Testen an, mit dem Stirling Moss die 1000 Kilometer Nürburgring gewonnen hatte. Ich sagte ihm, dass ich nie ein Rennauto gefahren wäre. Er meinte, ich solle es versuchen. Ich ging also nach Goodwood, fuhr ein paar Runden und bekam einen Vertrag angeboten. Ich lehnte mit den Worten ab: Ich bin ein Motorradrennfahrer. Am gleichen Abend meldete sich Tony Vanderwell und offerierte mir sein Formel 1-Auto zum Test. Also wieder nach Goodwood. Ich fuhr zwei Tage, und danach sagte mir Tony, dass er seinen Rückzug vom Rennsport rückgängig machen würde, wenn ich für ihn fahren würde. Wieder sagte ich ab.

> »Ich wusste nicht, ob es zum Titel gereicht hat. Das war mir erst klar, als ich meinen Chefmechaniker Borsari mit breitem Grinsen und der Ferrari-Flagge sah«

Und was änderte Ihre Meinung?
Surtees: Die Beziehung zu MVAgusta verschlechterte sich, weil ich nebenher auch noch mit meiner Norton in England Motorradrennen fuhr. Eine italienische Zeitung schrieb: John Surtees braucht keine MV Agusta, um zu gewinnen. Der MV-Chef war sauer und wollte mir das Fahren auf der Norton verbieten. Das WM-Programm wäre mir aber zu wenig gewesen. Es gab aber nichts in meinem Vertrag, das mich davon abgehalten hätte, Autorennen zu fahren. Also warum nicht doch probieren? Ken Tyrrell meldete mich für ein Formel Junior-Rennen. Bei meinem Debüt stellte ich das Auto auf die Pole Position. Im Rennen kämpfte ich mit Jim Clark, bis mir beim Überrunden ein Fehler unterlief, weil ich vergaß, dass ich nicht mehr zwei, sondern vier Räder unter mir hatte.

Gab es noch weitere Versuche?
Surtees: Ja, weil die Motorradsaison 1960 noch nicht begonnen hatte, war ich frei. Colin Chapman kam um die Ecke und lud mich auf einen Formel 1-Test mit seinem

→ auto motor sport Info

Chaparral 2H: Das schlechteste Auto seiner Karriere

Ferrari 312: Ein Sieg 1966, danach Kündigung bei Ferrari

Honda RA273: Surtees war fahrender Ingenieur

Surtees TS9B: Das letzte Formel 1-Jahr als Fahrer

John Surtees (81) kam über seinen Vater in den Motorradrennsport. Zuerst als Beifahrer und Mechaniker. 1951 sorgte er mit einer Vincent in England erstmals für Aufsehen. Vier Jahre später stieg er mit Norton in die Motorrad-WM ein. Schon eine Saison später wurde er auf MV Agusta zum ersten Mal Weltmeister in der 500er Klasse. Bis 1960 folgten in der Königsklasse und bei den kleineren 350ern sechs weitere Titel. Im Jahr 1960 bestritt Surtees als 26-jähriger Novize seine ersten Formel 1-WM-Läufe für Lotus. Er hatte vorher nur kurz in der Formel junior und Formel 2 geprobt. Surtees war auf Anhieb schnell. Beim zweiten WM-Lauf in Silverstone Zweiter, beim dritten in Oporto Trainingsschnellster. Auf Lotus folgte Lola, dann Ferrari. 1963 endlich der erste GP-Sieg. Ausgerechnet auf dem Nürburgring. 1964 wurde Surtees mit Ferrari Weltmeister. Ein schwerer Unfall in einem Lola T70-Sportwagen 1965 in Mosport stoppte die Karriere nur kurz. Obwohl er dem Tod nur knapp entronnen war, gewann der zähe Brite neun Monate später auf Ferrari den GP Belgien. Kurz darauf zerstritt sich der Meister aller Klassen mit Ferrari, wechselte zu Cooper-Maserati und beendete die Titeljagd 1966 auf Platz 2. Im gleichen Jahr gewann er die dollarträchtige CanAm-Serie auf einem Lola. Dann heuerte Honda den gewieften Techniker an. 1967 siegte Surtees in Monza für die Japaner. Es war sein sechster und letzter GP-Sieg. Nach dem Rückzug von Honda wechselte Surtees zu B.R.M., wurde dort nicht glücklich und baute ab 1970 seine eigenen Autos. Der 111. GP-Start 1972 in Monza beendete seine Karriere. Fortan konzentrierte sich „Big John" auf die Leitung seines Rennstalls, den er 1978 mangels Sponsoren zusperren musste.

Der mittlerweile 81-jährige Surtees erklärt den Arbeitsplatz seines Weltmeister-Ferrari von 1964. Er hatte eigenhändig mit einem Hammer die Cockpitverschalung ausgeschlagen, um mehr Platz zu schaffen

Lotus ein. Noch immer zweifelte ich. Er meinte, ich solle immer dann fahren, wenn keine Motorradrennen anstünden. Wir einigten uns per Handschlag darauf.

Sie waren also nach nur drei Rennen in Autos Formel 1-Pilot?
Surtees: Ja, alles ging rasend schnell. Auch mit dem Formel 1-Auto. In Monte Carlo brach das Getriebe. Beim GP England wurde ich Zweiter. In Portugal stellte ich das Auto auf die Pole Position. Bei meinem dritten GP-Start! Ich führte komfortabel, bis mir eine Flüssigkeit über die Pedale spritzte und ich von der Bremse abrutschte. Ich landete in den Strohballen. Daraufhin wollte mich Colin zum Nummer 1-Fahrer machen. Er bat mich, mir meinen Teamkollegen auszusuchen. Ich sagte, dass ich gerne mit Jimmy Clark fahren würde. Dritter im Bunde war Innes Ireland. Der mochte mich nicht. Es kam dann zu einem großen Streit. Innes hatte einen Vertrag und pochte darauf. Plötzlich stand ich ohne Cockpit da.

Hat sie der einfache Übergang zu Autos überrascht?
Surtees: Ja und nein. Es sind beides Fahrmaschinen. Nur die Interpretation, sie zu fahren, ist eine andere. Auf Motorrädern hatte ich mein Handwerk gelernt. Da ging alles natürlich und relaxt. Der Film lief langsam ab, so wie es sein sollte. Im Auto war ich anfangs verkrampft. Da ich keine Erfahrung hatte, war die Anspannung und die Konzentration intensiver. Mit mehr Erfahrung fühlte ich mich wohler und wohler. Schnelle Kurven waren kein Problem. Da war das Fahrgefühl zum Motorrad sehr ähnlich. Für langsame Kurven brauchst du im Auto eine völlig neue Technik. Die damaligen Motorräder waren von den Linien und dem Setup weit weg vom Auto. Heutige Maschinen sind viel näher dran. Sie bremsen besser, haben mehr Gummiauflage.

» Es gab nichts in meinem Vertrag mit MV Agusta, das mich abgehalten hätte, Autorennen zu fahren. Warum also nicht probieren? «

Wäre der Weg vom Auto auf das Motorrad schwieriger gewesen?
Surtees: Die Verbindung vom Auto zum Fahrer ist der Sitz. In dem bist du festgeschnallt. Auf dem Motorrad bewegst du dich. Die G-Kräfte fühlen sich anders an. Es ist wahrscheinlich schwieriger, vom Auto auf das Motorrad zu springen. Es wäre schön gewesen, mich einmal mit Michael Schumacher über das Thema zu unterhalten. Er ist ja nach seiner Ferrari-Zeit Motorradrennen gefahren.

Welche Rolle spielte der Sportwagen-Unfall 1965 in Mosport für Ihre Karriere?
Surtees: Der Unfall hätte nicht passieren dürfen. Für mich war es beruhigend, dass Lola mir hinterher erzählt hat, dass ein Radträger gebrochen ist. Zurückzuführen auf ein fehlerhaftes Gussteil. Das nahm mir die Sorge, dass ich einen Fehler gemacht habe. Sonst wäre es schwieriger geworden, zurückzukehren. Es war danach nur noch eine Frage, wieder gesund zu werden. Die größte Auswirkung bestand darin, dass gewisse Kräfte bei Ferrari die Gelegenheit bekamen, meine Unpässlichkeit auszunutzen. Ich bekam Probleme mit bestimmten Leuten im Team, darunter Rennleiter Dragoni.

Was ist bei Ferrari in Ihrer Abwesenheit passiert?
Surtees: Alles begann mit Testfahrten zu Beginn der Saison 1966. Wir hatten Probleme an allen Fronten. In der Formel 1 galt die neue Dreiliter-Motorenformel. Doch der

neue Dreiliter-V12 war noch nicht fertig. Stattdessen stand nur ein modifizierter Sportwagen-Motor bereit. Nach den Tests in Monza sagte ich ihnen, dass wir das Auto modifizieren müssen. Sie schoben meine Kritik darauf, dass ich noch unter den Auswirkungen des Unfalls litt. Ich widersprach. Schaut euch die Rundenzeiten an. Sie sind schlechter als mit dem alten Auto. Und ich war immer noch schneller als alle meine Teamkollegen. Dann kam das Formel 1-Auto an die Reihe. Wieder stellte ich fest, dass es nicht gut war. Es war zu schwer, und der Motor zu schwach. Sie haben erzählt, der Motor hätte 330 PS. Tatsächlich waren es unter 300. Das Jahr begann also mit Spannungen. Ohne den Unfall wäre das nicht so außer Kontrolle geraten. Enzo Ferrari war zu beschäftigt, mir zu helfen. Es ging zu der Zeit um den Verkauf seiner Firma. Ford auf der einen, Fiat auf der anderen Seite.

Waren die ersten Runden nach dem Unfall physisch oder psychisch ein Problem?
Surtees: Nach dem Unfall war ich auf einer Seite um vier Zoll kürzer. Mein Becken war gespalten, die Oberschenkel gebrochen. Das große Problem waren die gequetschten Nieren. Das Auto ist nach dem Überschlag auf mir gelandet. Ein Arzt vom St.Thomas-Hospital in London flog mit Tony Vanderwell nach Kanada, um mich zu untersuchen. Auf seine Veranlassung hin wurde ich wieder gerade gezogen. Es passte bis auf acht Millimeter. Am Strand von Guadeloupe regenerierte ich mich. Als ich zum ersten Mal wieder in ein Rennauto stieg, ging ich noch auf Krücken. Ich habe im Modena Autodrom gleich den Rundenrekord unterboten. Mental hat mich der Unfall dahingehend sensibilisiert, dass ich mich mehr um die Vorbereitung des Autos gekümmert habe.

> „Enzo Ferrari und ich haben die Trennung bereut. Ich sah ihn, kurz bevor er starb. Er sagte: John, wir sollten uns nur an die guten Tage erinnern, nicht an unsere Fehler"

Wie kam es zur Trennung von Ferrari mitten in der Saison?
Surtees: Nach so einem Unfall stehst du unter Druck. Du musst fit werden. Und du willst wieder so schnell wie vorher sein. Da kann man verstehen, dass ich nicht happy war, als ich beim Saisonstart 1966 in Monaco ein Auto fahren musste, dass zwei Sekunden zu langsam war. Für das nächste Rennen in Spa hatten wir mehr Power im oberen Drehzahlbereich. Ich konnte das Rennen gewinnen. Herr Dragoni war der einzige, der sich nicht über meinen Sieg freute. Er kam ihm unpassend. Dann ereignete sich der dumme Zwischenfall in Le Mans, der zur Trennung führte. Wir hatten uns nach den Vortests eine Strategie ausgedacht, um Ford zu schlagen. Als ich zum Rennen erschien, hatte Dragoni alles über den Haufen geworfen. Ich habe dem alten Mann gesagt, dass ich unter den Umständen nicht mit dem Team zusammenarbeiten könne. Dabei wollte ich eigentlich meine Rennkarriere bei Ferrari beenden.

Bedauern Sie es heute?
Surtees: Enzo Ferrari und ich haben diesen Schritt später bereut. Ich sah ihn kurz bevor

Privatmuseum: Surtees, seine Motorräder und Rennautos

Weltmeister unter sich: Die MV Agusta von 1960 und der Ferrari 158. Die 500 cm^3-Maschine von MV leistete 75 PS und war 265 km/h schnell

er starb. Er sagte: John, wir sollten uns nur an die guten Tage erinnern, nicht an unsere Fehler. Und es war ein Fehler. Ich war ein bisschen zu impulsiv, auch weil ich nach dem Unfall ein gutes Comeback geben wollte. Aber auch mit dem Cooper-Maserati, in den ich dann umgestiegen war, hätte es 1966 mit etwas mehr Glück zum Titel reichen können. Wenigstens konnte ich Herrn Dragoni demonstrieren, dass ich immer noch schnell war. Schneller als mein Cooper-Teamkollege Jochen Rindt. Trotz des Unfalls. Das war wichtig.

Sie haben sich immer stark mit der Technik der Autos beschäftigt. Warum?
Surtees: Ich war immer daran interessiert. Schon in meinen Motorradzeiten. Ich habe meine Motorräder selbst aufgebaut und für die Rennen vorbereitet. Mit Honda 1967 und 1968 wurde ich dann mehr in die Entwicklung involviert. Herr Nakamura von Honda kam auf mich zu und sagte mir: Honda macht nur weiter, wenn Sie für uns fahren. Wir brauchen Sie. Als Fahrer und als Organisator. Das war eine Ansage.

Trotzdem durften Sie in den USA an den CanAm-Rennen teilnehmen?
Surtees: Das war schon in meiner Ferrari-Zeit so. Ich hatte zu der Zeit bereits ein Sportwagen-Team, mit dem ich mit Enzo Ferraris Erlaubnis an CanAm-Rennen teilgenommen habe. 1966 habe ich damit den CanAm-Titel gewonnen. Die Autos kamen von Lola. Ich durfte sie fahren, aber nur unter der Bedingung, dass sie meinen Namen trugen. So entstand das Team Surtees. Ich hatte eine Hand voll Leute und eine Werkstatt. Das hat mir auch bei Honda geholfen. Auf diesem Weg zog das Honda-Team nach Slough um. Ich hatte mich in Japan mit Soichiro Honda getroffen. Wir haben ausgemacht, dass ich 1967 das Auto entwickeln und nach Sponsoren suchen würde. Wir mussten mit dem Vorjahresmotor fahren. Zunächst wog das Auto rund 80 Kilogramm mehr als die Konkurrenz. Das war lächerlich. Daran mussten wir arbeiten.

Warum haben Sie schließlich ihre eigenen Rennautos gebaut?
Surtees: Komische Umstände trieben mich dahin. Viele Dinge passierten 1969 gleichzeitig. Ich ging nach dem Rückzug von Honda zu B.R.M. Teamchef Louis Stanley malte mir ein schönes, aber unrealistisches Bild von der Wiedergeburt der Marke. Sie wollten das Team um mich herum aufbauen, den 16-Zylinder Motor begraben und sich auf den V12 konzentrieren. Ich erinnerte mich an die 1,5 Liter Zeit, in der B.R.M. gute und zuverlässige Autos baute und dachte, dass ich eine gute Wahl getroffen hätte. War es aber nicht. Das 69er Auto war zu langsam. Damit zusammen fiel ein Angebot von Jim Hall, für Chaparral in der CanAm-Serie zu fahren. Ich hatte immer eine hohe Meinung von Chaparral. Doch der Typ 2H war das unpraktischste Rennauto, das man sich vorstellen konnte. Man hätte damit auf dem Skidpad gut abschneiden können, aber nicht auf der Rennstrecke. Folgende Idee steckte dahinter: Das Auto würde so schnell auf der Geraden sein, dass es nicht nötig sein würde, schnell um die Kurven zu fahren. Es hatte hinten eine schmale Spur mit enorm breiten Reifen. Der Fahrer lag auf dem Rücken. Es war unmöglich zu sehen, wo du hin fährst.

> ›› Es ist wahrscheinlich schwieriger, vom Auto auf das Motorrad zu springen. Ich hätte mich gerne einmal mit Michael Schumacher über das Thema unterhalten ‹‹

Nur die Sterne strahlen

Das erste Rennen der neuen Formel 1-Saison zeigte: Mercedes ist überlegener als je zuvor, Ferrari besser als 2014, das Feld so klein wie zuletzt vor 46 Jahren. Der Gewinner in Australien hieß Lewis Hamilton.

PIRELLI
QUALCOMM
PETRONAS
SYNTIUM

Vettels erste Dienstfahrt in Rot: Der Ferrari-Neuzugang fuhr auf Anhieb auf den dritten Platz, allerdings 34 Sekunden hinter Mercedes

Das Mini-Feld von 15 Autos dezimierte sich in der Startrunde um zwei Lotus. Maldonado wurde schuldlos in die Mauer bugsiert

Red Bull im Elend: Ricciardo kämpfte mit einem störrischen Renault-Motor und eine Zeitlang auch mit Räikkönen

Hamilton zeigte sich seinen Fans. Der Weltmeister feierte seinen zweiten Melbourne-Sieg nach 2008

Die neue Saison fing an wie die alte aufgehört hatte. Mit einem Sieg von Lewis Hamilton. Der Titelverteidiger hatte den perfekten Saisonstart. Trainingsbestzeit, 56 Führungsrunden, schnellste Rennrunde, der 34. Sieg seiner Karriere. Nico Rosberg hatte nicht den Hauch einer Chance. Immer wenn der Herausforderer einen Zwischenspurt einlegte, konterte Hamilton. Der Spritverbrauch diktierte den Mercedes-Piloten das Tempo. Melbourne zählt neben Bahrain und Sochi zu den so genannten 100-Kilo-Rennen. Soll heißen: Es zählt jeder Tropfen. Immer wieder hörten Hamilton und Rosberg am Funk, dass sie vom Gas gehen sollen. Erst in den letzten vier Runden herrschte freie Fahrt.

Hamilton spart besser Sprit

Eigentlich hätte Nico Rosberg profitieren müssen, da er ständig in Lewis Hamiltons Windschatten fuhr, doch Teamchef Toto Wolff plauderte aus dem Nähkästchen: „Lewis war beim Spritverbrauch einen Tick besser." Das ließ sich bereits 2014 beobachten. „Deshalb ist Nico den ganzen Winter im Simulator gehockt und hat Rennen geübt", bemerkte Sieger Hamilton spitz. Er ging lieber zum Skifahren nach Colorado.

Rosberg sprüht vor Energie. „Der ist motiviert ohne Ende und will den Lewis vom ersten Tag an kaputtfahren", stellte Niki Lauda nach den Wintertestfahrten zufrieden fest. Doch als es ernst wurde, schlug Hamilton zu. Nachdem er sich am Freitag mit einer alternativen Abstimmung verrannt hatte, kehrte er zu bewährten Einstellungen zurück. Und zog im Abschlusstraining zwei Traumrunden aus dem Ärmel. Rosberg versuchte den Rückstand von 0,594 Sekunden zu bagatellisieren: „Ich hatte heute nicht meinen besten Tag. Der Speed hat gestimmt, ich habe nur keine optimale Runde zusammengebracht." Stimmt nicht ganz.

> „Mit 18 Autos bleiben keine Reserven mehr. Wenn dann noch drei Fahrer nicht starten können, wird das Feld so klein wie zuletzt in Monza 1969"

Auch in der Idealzeit fehlten Rosberg drei Zehntel auf den Teamkollegen. Teamchef Toto Wolff und Technikdirektor Paddy Lowe war der gewaltige Vorsprung fast peinlich. „Lewis hat mit einer Superrunde das Bild verfälscht." Das klang wie eine Entschuldigung.

Bernie Ecclestone verfolgte seine Roadshow im fernen Australien am Fernsehschirm in London. Sie wird ihm nicht gefallen haben. In Melbourne standen 20 Autos in der Boxengasse und nur 15 am Start. Elf kamen ins Ziel. Es war das dünnste Feld seit Monza 1969. Die Rennen in Imola 1982 und Indianapolis 2005 mal ausgenommen. Da lagen besondere Umstände vor. In Imola streikte die Hälfte der Teilnehmer, und in Indianapolis verbot Michelin seinen Vertragsteams aus Angst vor Reifenschäden einen Start.

Wie klein das Auffangnetz geworden ist, zeigten die letzten Stunden vor Rennbeginn. Valtteri Bottas musste verzichten, weil er sich beim Bremsen auf einer Bodenwelle die Bandscheibe eines Lendenwirbels beschädigt hatte. Er wollte fahren, aber die Ärzte ließen ihn nicht. Die Runde in die Startaufstellung dezimierte die Überlebenden um zwei weitere Fahrzeuge. Kevin Magnussen strandete mit Motorschaden, Daniil Kvyat mit einem Getriebeproblem.

Sauber in juristischen Problemen

Nicht auszudenken, was passiert wäre, wenn auch noch die zwei Sauber gefehlt hätten. Sie waren nur dabei, weil Giedo van der Gardes richterlich bestätigter Anspruch auf ein Cockpit durch einen Vergleich einen Tag vor dem Grand Prix abgewendet wurde. Was für ein Märchen, dass ein Team, das vom Totenbett sprang, mit 14 Zählern auf WM-Platz drei nach Hause fuhr.

Der Sport interessierte beim Saisonstart nur am Rande. Die ersten Runden wurden im Gerichtssal gedreht. Man konnte in einem Live-Ticker nachlesen, wie Giedo van der Garde sein Recht auf einen Stammplatz bei Sauber einklagte und damit drohte, die Autos zu beschlagnahmen. Am Ende fuhren doch Felipe Nasr und Marcus Ericsson. Dem Kläger fehlte die Superlizenz. Marussia kehrte mit einem Auto zurück, das nicht rennbereit war. 16 Stunden vor dem ersten Training hatten zwei Teams wegen offenstehender Rechnungen noch keine Reifen. Die Finanznot hat bereits das halbe Feld befallen. Das alles erinnert an Kreis- und nicht an Königklasse.

Mercedes verprügelte die Konkurrenz. Schlimmer, als es sich Pessimisten ausgemalt hatten. 1,391 Sekunden Vorsprung im Training, über eine halbe Minute im Rennen. Da bremste der Spritverbrauch die Silberpfeile. Der Preis für überragenden Anpressdruck ist höherer Luftwiderstand. Die Geschlagenen bliesen Trübsal. „Wenn das Mercedes-Duell weiter so klar zugunsten von Hamilton ausgeht, dann wird das eine zähe Saison", warnt Red Bull-Teamchef Christian Horner. „Die Klagemauer steht in Jerusalem. Red Bull soll sich zusammenreißen, hart arbeiten und seine Probleme lösen", konterte Toto Wolff.

→ Technik

Der Kamera-Trick von Ferrari

Das ist das Problem der FIA: In Paris sitzen eine Handvoll Ingenieure, die sich immer striktere Regeln für die Formel 1-Autos einfallen lassen. Und draußen brüten Hunderte Ingenieure darüber, wie man diese Regeln austricksen könnte. Bestes Beispiel sind die TV-Kameras in der Nase. Im letzten Jahr setzte sich der Trend durch, dass sie an zwei Ohren aus dem Rumpf wachsen. Die Ohren wurden immer extremer geformt. Dadurch wurde die Kamera zum Flügel oder Leitblech umfunktioniert. In diesem Jahr gingen Mercedes, Ferrari und ToroRosso noch weiter. Daraufhin ließ die FIA die Teams wissen, dass ab sofort nur noch Halterungen erlaubt seien, die in horizontaler Richtung maximal 15 Millimeter aus der Nase ragen. Dazu gibt es eine Box, in der sich die Apparatur befinden darf. Wie sich mittlerweile herausstellt, ist diese mit 325 bis 525 Millimeter über der Referenzebene zu großzügig bemessen. Mercedes und Ferrari kamen auf eine schlaue Idee, die bald Nachahmer finden wird: Statt die Halterung in Form eines Bogens auszulegen, weist sie zwei rechte Winkel auf. Die Horizontale ist nicht breiter als 15 Millimeter. Die Befestigung setzt tief an der Nase an und führt dann an einem vertikalen Steg nach oben zur Kamera. Die steht wie ein Zusatzflügel frei im Wind.

Der Trick mit dem rechten Winkel: Ferraris TV-Kamera ist ein Zusatzflügel. Die alte Lösung (Kreis) war illegal, weil die Befestigung in der Horizontalen mehr als 15 Millimeter aus der Nase ragte

Illustration: Giorgio Piola

In Australien machte Hamilton seinen Teamkollegen nass. Rosberg will den Spieß 2015 aber noch umdrehen

Das Sauber-Wunder: Der Schweizer Rennstall sammelte zum Auftakt 14 Meisterschaftspunkte

Ferrari hat den ersten Teil der Wende geschafft. Die Roten sind wieder die zweite Kraft. Hauptsächlich, weil beim Motor ein Quantensprung gelungen ist. Der Ferrari V6-Turbo hat signifikant mehr Power, er ist besser fahrbar, er nutzt die elektrische Energie besser, und er muss sich im Benzinverbrauch hinter Mercedes nicht mehr verstecken. Was das Duell zwischen Sebastian Vettel und Felipe Massa ganz klar zeigte.

Vettel freute sich über seinen dritten Platz mindestens genauso wie über seine 39 Siege. „Ich bin überwältigt. Erst jetzt fällt mir auf, wie viel Ferrari-Flaggen es auf den Tribünen gibt. Es ist eine Ehre für mich, für Ferrari zu fahren." Teamchef Maurizio Arrivabene konzedierte: „Für Seb ist heute ein Traum wahr geworden." Vettel weiß aber auch, dass dem ersten Schritt weitere folgen müssen. „Mercedes fährt auf einem anderen Planeten. Unser Ziel muss es sein, dorthin zu kommen." Red Bull steckte eine schwere Schlappe ein. Daniel Ricciardo wurde Sechster und überrundet. „Das neue Chassis bringt eine halbe Sekunde, aber Sauber fährt uns mit einem Auto mit 2014er Flügel auf der Geraden auf und davon", prügelte Horner auf seinen Motorenpartner Renault ein. Der französische Sechszylinder bringt nicht die versprochenen 50 PS mehr. „Wir haben so viel Leistung wie beim Finale 2014 in Abu Dhabi', legte Teamberater Helmut Marko nach.

An zwölf Testtagen wurden sechs Antriebseinheiten verschlissen. Nach 48 Kilometern in Melbourne ging wieder ein Renault V6 ein. „Wenn es so weiter geht, haben wir unser Kontingent schon in der Europa-Saison verschlissen", schüttelt Horner den Kopf. Auch ToroRosso verlor in Max Verstappens Auto ein Triebwerk.

Red Bull beklagt Hybrid-Formel

Das größte Handikap ist die willkürliche Leistungsentfaltung. „Erst kommt alles, dann Stottern und auf den letzten 200 Metern der Geraden geht dem Motor die Puste aus", klagt Ricciardo. Red Bull haut auf die ungeliebte Hybrid-Formel ein. Technikchef Adrian Newey jammert: „Als wir überlegen waren, wurden wir eingebremst. Da hat man gleich den angeblasenen Diffusor verboten. Bei Mercedes passiert nichts." Marko droht unverhohlen sogar mit Ausstieg. „Wir sind unzufrieden, wie die Formel 1 geführt wird. Wenn die Kosten-Nutzen-Rechnung für uns nicht mehr stimmt, ist ein Rückzug eine Option."

> „Vettel wähnt sich noch im Spielzeugladen. Er weiß aber, dass dem ersten Schritt weitere folgen müssen. Mercedes fährt in einer anderen Liga"

Bei Sauber wurden nach dem Rennen Bierflaschen statt Champagner verteilt. Die Schweizer müssen sparen. „Wir müssen die 14 Punkte relativieren", bilanzierte Peter Sauber. „Einerseits haben wir von prominenten Ausfällen profitiert, andererseits aber auch Red Bull, ToroRosso und Force India auf der Strecke geschlagen." Nasrs fünfter Platz verdient Respekt. Der Neuling hielt dem Druck von Ricciardo stand, als wäre er schon jahrelang dabei. Teammanager Beat Zehnder hätte den Dritten der letztjährigen GP2-Serie am liebsten schon vor vier Jahren verpflichtet: „Er ist sachlich, extrem konzentriert, gibt sich mit nichts zufrieden, ohne destruktiv zu wirken." Auch Force India klaubte die Punkte auf, die auf der Straße lagen. Nico Hülkenberg und Sergio Perez waren langsam, aber zuverlässig unterwegs. Das brachte sieben Punkte. „Im Augenblick müssen wir von unserer Zuverlässigkeit zehren. Unserem Auto fehlt Abtrieb", gibt Hülkenberg zu. Der Force India VJM08 war wegen der Verspätung nur ein halb neues Auto. Bis zum GP China ist die Aerodynamik für den vorderen Teil des Autos komplett. Beim GP Spanien folgt das Debüt der hydromechanischen Aufhängung an der Hinterachse. Für Silverstone ist eine B-Version avisiert, auf der die ganze Hoffnung liegt. Der frühere zweite Mann in Red Bulls Aerodynamikbüro ist dafür verantwortlich.

Für McLaren-Honda sind die ersten vier Rennen die Fortsetzung der Testfahrten. Eine Renndistanz schien so unbezwingbar wie die Südwand des Annapurna, doch Jenson Button schaffte sie. Mit stark zurückgefahrener Leistung. Immer wieder tauchen neue Probleme auf. Der Antrieb der MGU-K, defekte Zündkerzen, überhitzte Sensoren. Der Grund liegt in der kompakten Bauweise des Motors. Im V des Sechszylinders wird es zu heiß. Dabei schmelzen Sensoren und Leitungen dahin, und der Elektroantrieb meldet sich ab. In diesem Team sind viele Bomben versteckt. Honda ist meilenweit von einem konkurrenzfähigen Motor entfernt. McLaren fährt praktisch ohne Sponsoren. Und Fernando Alonso wird sich das Drama nicht lange anschauen. Manche munkeln, dass sich der Spanier nach seinem Testunfall in Barcelona am liebsten noch eine längere Auszeit nehmen würde. Teamchef Eric Boullier widersprach: „Fernando ist voll motiviert. Er war bei allen Briefings hier in Melbourne über eine Telefonschaltung live dabei." Trotz allem zeigte Honda-Präsident Takanobu Ito beim Comeback Flagge. McLaren-Chef Ron Dennis trieb sich lieber im vorderen Teil der Startaufstellung herum. Sein Sebstverständnis erlaubt es nicht, sich unters Fußvolk zu mischen. Tapfer kündigt er an: „Wir werden zum Saisonende ein Siegerauto haben."

→ Thema des Rennens

Das ist ein desolater Zustand

Michael Schmidt berichtet seit 1981 über die Formel 1. Hier schreibt unser Experte über kontroverse Themen. Diesmal über zu wenig Autos.

■ Die Formel 1 liegt auf der Intensivstation. Und die Maschinen, die sie am Leben erhalten, laufen nur noch auf Notstrom. Bernie Ecclestone musste schon zu Saisonbeginn einen Vorschuss zahlen, damit Lotus, Force India und Sauber überhaupt nach Melbourne reisen konnten. Zwei Teams erhielten ihre Reifen erst in letzter Minute. Sie hatten nicht bezahlt. Andere wurden aus Hotels geworfen, weil sie keine Vorkasse leisten konnten. Marussia kehrt mit einem Auto auf GP2-Niveau zurück, das in den ersten Rennen nicht mal fahrbereit ist. Sauber und Giedo van der Garde verbrachten drei Tage vor Gericht, um über das Recht des Fahrers auf sein Cockpit zu streiten. Das alles sind Symptome eines Sports, der seine Einnahmen ungerecht verteilt und ohne Not viel zu teuer geworden ist. Jetzt frisst er seine Kinder. Keiner soll sagen, man habe es nicht kommen gesehen. Die Außenwirkung ist katastrophal. 1994 kostete der WM-Titel 50 Millionen Euro, heute fünf Mal so viel. Wurde der Sport fünf Mal besser? Sicher nicht. Wenn Ecclestone, FIA-Präsident Jean Todt und die großen Teams jetzt nicht aufwachen, verschlafen sie den Tod ihrer eigenen Show.

GP Australien: 1. von 20 Läufen

STRECKEN-DATEN

Streckenlänge:	**5,303 km**
Runden:	**58**
Distanz:	**307,574 km**
Zuschauer:	**101 000**
Wetter:	**19 Grad**
Topspeed Qualifikation:	**329,0 km/h** (Bottas)
Topspeed Rennen:	**309,3 km/h** (Ericsson)
Gangwechsel/Runde:	**48**
Volllastanteil:	**67 %** (640 m = 9,0 s)*
Benzinverbrauch/Runde:	**2,32 Liter**
Führungswechsel:	**2**

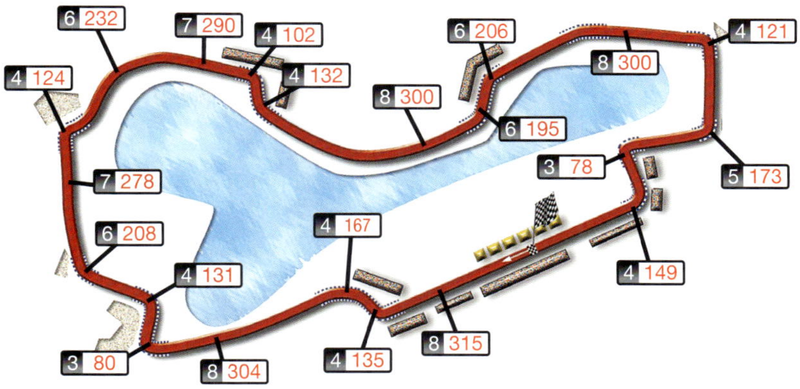

STARTAUFSTELLUNG

1 Lewis Hamilton, GB – Mercedes, 1.26,327 min – 44
2 Nico Rosberg, D – Mercedes, 1.26,921 min – 6
3 Felipe Massa, BR – Williams-Mercedes, 1.27,718 min – 19
4 Sebastian Vettel, D – Ferrari, 1.27,757 min – 5
5 Kimi Räikkönen, FIN – Ferrari, 1.27,790 min – 7
6 Daniel Ricciardo, AUS – Red Bull-Renault, 1.28,329 min – 3
7 Carlos Sainz, E – Toro Rosso-Renault, 1.28,510 min – 55
8 Romain Grosjean, F – Lotus-Mercedes, 1.28,560 min – 8
9 Pastor Maldonado, VEN – Lotus-Mercedes, 1.29,480 min – 13
10 Felipe Nasr, BR – Sauber-Ferrari, 1.28,800 min – 12
11 Max Verstappen, NL – ToroRosso-Renault, 1.28,868 min – 33
12 Daniil Kvyat, RUS – Red Bull-Renault, 1.29,070 min – 26
13 Nico Hülkenberg, D – Force India-Mercedes, 1.29,208 min – 27
14 Sergio Pérez, MEX – Force India-Mercedes, 1.29,209 min – 11
15 Marcus Ericsson, S – Sauber-Ferrari, 1.31,376 min – 9
16 Jenson Button, GB – McLaren-Honda, 1.31,422 min – 22
17 Kevin Magnussen, DK – McLaren-Honda, 1.32,037 min – 20
18 Valtteri Bottas, FIN[2] – Williams-Mercedes, 1.28,087 min – 77
19 Will Stevens, GB[1] – Manor-Ferrari, keine Zeit – 28
20 Roberto Merhi, E[1] – Manor-Ferrari, keine Zeit – 98

[1] nicht gestartet: Auto nicht fertig
[2] nicht gestartet: Rückenverletzung
● Startnummer

„Da haben wir endlich wieder eine Chance, ein gutes Resultat zu erziehlen, dann ist mein Rennen nach einer Kurve zu Ende. Du fährst wie auf ein Nadelöhr zu. Ich komme gut durch und spüre plötzlich einen Schlag von hinten“ **Pastor Maldonado**

RENN-ERGEBNIS

	Fahrer	Runden	Zeit/Rückstand	Reifen[1]	Boxenstopps	Schnellste Runde
1.	Hamilton	58/56[2]	1:31.54,067 min	s/m	1 (22,295 s)	1.30,945 min
2.	Rosberg	58/2	+ 1,360 s	s/m	1 (22,105 s)	1.31,092 min
3.	Vettel	58	+ 34,523 s	s/m	1 (22,694 s)	1.31,457 min
4.	Massa	58	+ 38,196 s	s/m	1 (22,062 s)	1.31,719 min
5.	Nasr	58	+ 1.35,149 min	s/m	1 (22,933 s)	1.32,612 min
6.	Ricciardo	57		s/m	1 (22,535 s)	1.32,797 min
7.	Hülkenberg	57		s/m/s	2 (43,749 s)	1.31,970 min
8.	Ericsson	57		m/s/s/s	3 (1.08,288 min)	1.31,560 min
9.	Sainz	57		s/m	1 (55,789 s)	1.32,872 min
10.	Pérez	57		m/s	1 (26.009 s)	1.31,959 min
11.	Button	56		s/m	1 (23,353 s)	1.33,338 min
12.	Räikkönen	40	Rad lose (P 5)	s/s/m	2 (49,870 s)	1.31,426 min
13.	Verstappen	32	Motor (P 8)	m/s	1 (23,532 s)	1.34,295 min
14.	Grosjean	0	Motor (P 14)	s		
15.	Maldonado	0	Unfall (P 13)	s		
16.	Kvyat	0	Getriebe (P 16)	s		
17.	Magnussen	0	Motor (P 17)	s		

[1] Reifenfolge: ss = supersoft, s = soft, m = medium, h = hart, R = Regenreifen, I = Intermediate, DT = Durchfahrtsstrafe, S & G = Stop-and-go-Strafe
[2] Runden in Führung, Bestwerte in Rot

FAHRER-WM

1. Hamilton	1*	25 Punkte
2. Rosberg		18 Punkte
3. Vettel		15 Punkte
4. Massa		12 Punkte
5. Nasr		10 Punkte
6. Ricciardo		8 Punkte
7. Hülkenberg		6 Punkte
8. Ericsson		4 Punkte
9. Sainz		2 Punkte
10. Perez		1 Punkte

* Anzahl Siege

TRAININGSDUELLE

Button – Magnussen	1:0
Vettel – Räikkönen	1:0
Hamilton – Rosberg	1:0
Ricciardo – Kvyat	1:0
Grosjean – Maldonado	1:0
Massa – Bottas	1:0
Nasr – Ericsson	1:0
Verstappen – Sainz	0:1
Hülkenberg – Perez	1:0
Stevens – Merhi	0:0

KONSTRUKTEURS-WM

1. Mercedes	1*	43 Punkte
2. Ferrari		15 Punkte
3. Sauber-Ferrari		14 Punkte
4. Williams-Merrcedes		12 Punkte
5. Red Bull-Renault		8 Punkte
6. Force India-Mercedes		7 Punkte
7. Toro Rosso-Renault		2 Punkte

Volkswagen
FIA World Rally Championship
Red Bull
MICHELIN
WOB VW 524
MICHELIN
Castrol EDGE
Castrol EDGE

Wer stoppt Volkswagen?

Nach zwei Markentiteln in Folge setzt das dominante VW-Team zum Hattrick an. Die Hannoveraner sind auch 2015 die Favoriten, aber die Konkurrenz rüstet auf.

Citroën Die Franzosen haben den DS3 nachgerüstet

Der überarbeitete DS3 beweist, dass Citroën noch schnell genug ist

Mads Östberg konnte nicht immer überzeugen, darf aber noch mal ran

Khalid al Qassimi bringt Sponsorenmillionen und fährt vier WM-Läufe

Kris Meeke etablierte sich 2014 als schnellster Volkswagen-Verfolger

Sébastien Loeb kehrte für die Monte zurück, konnte aber nicht punkten

Wer soll diese Truppe stoppen? Nach ihrem Einstieg in die Rallye-WM 2013 gewann das Volkswagen-Team zwei Marken-Titel und mit Sébastien Ogier zwei Mal die Fahrer-WM. 2014 gewann die Mannschaft aus Hannover zwölf von 13 WM-Läufen, nur beim Heimspiel in Deutschland segelten beide Werksfahrer von der Piste.

Trotz der erdrückenden Dominanz hat die Technikabteilung unter Technik-Chef Willi Rampf und Chefkonstrukteur Francois-Xavier Demaison einen stark überarbeiteten Polo auf die Räder gestellt. Der Nachfolger ist dank mehr Gleichteilen servicefreundlicher, er ist vor allem auch schneller geworden. Der Motor von Donatus Wichelhaus gilt ohnehin als der stärkste im Feld, folglich wurde der 1,6-Liter-Turbo nur marginal verändert. Anders sieht es beim Chassis aus. Ein neuer Heckflügel soll Stabilität und Abtrieb erhöhen, ohne den Luftwiderstand zu verschlechtern. ein modifizierter Tank ermöglicht ein tieferes Verstauen der Reserveräder und senkt damit den Schwerpunkt.

VW: Mehr Gewicht nach vorn

Laut Reglement muss ein World Rally Car 1200 Kilogramm wiegen, in Wahrheit sind alle aktuellen Konstruktionen leichter. Die Spielmöglichkeiten mit Ballast-Gewichten nutzten die VW-Ingenieure, um das Gewicht des Polo etwas nach vorn zu verlagern. Das soll das Einlenkverhalten optimieren und die Abstimmungsmöglichkeiten der Hinterachse verbessern.

Aber gerade das Setup mit der neuen Gewichtsverteilung machte den Fahrern in der Winterpause Schwierigkeiten. Während sich Weltmeister Sébastien Ogier mittlerweile perfekt auf seinen Polo eingeschossen hat, hadert Vize-Weltmeister Latvala mit seiner Abstimmung. Fing die Saison mit einem zweiten Rang in Monte Carlo noch sehr gut an, verunsicherte ein Ausrutscher in Schweden den sensiblen Finnen, und zu allem Überfluss leistete sich der 30-Jährige beim dritten WM-Lauf in Mexiko mit einem weiteren Abflug gleich die zweite Nullnummer, womit er wohl schon nach dem ersten

Hyundai Warten auf das neue Auto

Obwohl fast unverändert, beweist der i20 im zweiten Jahr sein Potential

Thierry Neuville ist neben Ogier und Latvala der schnellste Mann der WM

Dani Sordo ist ein Asphalt-Ass und liefert zuverlässig Punkte

Junior Hayden Paddon wird nach guten Leistungen 2014 belohnt

Der Niederländer Kevin Abbring fährt ab Sommer ein viertes Werksauto

Saisonquartal seine Titelchancen begraben kann. Der Finne will sich nun auf Einzelsiege konzentrieren, die Schnelligkeit hat er in jedem Fall. Latvala hofft, dass auch Ogier das ein oder andere mal patzt.

Der ist in der Tabelle mit drei Siegen in drei Rallyes schon weit enteilt. Der nächste Verfolger ist der dritte VW-Fahrer. Andreas Mikkelsen hatte keine Umgewöhnungsprobleme, er fährt immer noch das Vorjahresauto. Dennoch ist er damit so schnell, dass er in Schweden erst auf den letzten fünf Kilometern den Sieg gegen Ogier verpasste. Der 25-Jährige hat schon acht Jahre Rallye-Erfahrung, steigert sich stetig und kaum jemand zweifelt noch, dass der erste WM-Sieg des Norwegers überfällig ist.

Genau in der Mannschaftsaufstellung liegt das Problem bei den früheren Serienweltmeistern. Citroën dominierte den WM-Zirkus fast ein Jahrzehnt lang. Aber nach sieben Markentiteln und neun Fahrer-Championaten in Folge leidet die Mannschaft aus Versailles unter zwei Problemen: Dem Mangel an Geld und an Siegfahrern.

Nur ein Sieg in zwei Jahren

Seit Sébastien Loeb im Herbst 2013 zurücktrat, um in der Tourenwagen-WM eine neue Karriere zu starten, hat die erfolgsverwöhnte Truppe in zwei Jahren gerade einmal einen WM-Sieg geholt. Weil die Zukunft mitten in einer schweren Absatzkrise des PSA-Konzers ungewiss war, konnte Sportchef Yves Matton keinen der ganz Großen an Land ziehen. Mit dem eigentlich schon in der Versenkung verschwundenen Briten Kris Meeke bewies der Belgier ein glückliches Händchen. Der eigentlich als Crashpilot verschrieene Nordire mauserte sich in der zweiten Saisonhälfte 2014 zum konstant schnellsten Verfolger der VW-Mannen. Aber 2015 fällt Meeke in alte Muster zurück. Fahrfehler bei sämtlichen drei Rallyes lassen das Team wieder an ihm zweifeln.
Nicht restos überzeugt ist Matton auch von seinem zweiten Fahrer Mads Östberg, der 2014 stagnierte und vor allem auf Asphalt wenig überzeugte. Aber ausgerechnet der Norweger war in Monte Carlo und Mexiko bester Citroën-Mann.

Großes Potenzial, aber schmales Budget

Armin Kremer und Christian Riedemann halten die deutsche Fahne hoch. Sie sind trotz knappem Geldbeutel Siegkandidaten in den Kategorien WRC2 und WRC3

Seit einem Jahrzehnt hat Rallye-Deutschland in der Weltspitze keinen Vertreter mehr. Nachwuchstalente kamen und gingen, kein Vertreter mit schwarz-rot-goldener Flagge auf der Seitenscheibe konnte sich in der Topliga festsetzen. Wenn es also die Jugend nicht schafft, müssen eben die Alten ran: Bei der Deutschland-Rallye 2014 wollte es Armin Kremer noch einmal wissen. Zwar hat der dreimalige deutsche Meister mit seinem Geflügelbetrieb in Mecklenburg gut zu tun, und mit 46 ist der Europameister von 2001 auch nicht mehr der Jüngste, aber mit seiner Fahrt aufs Podium der WRC2-Kategorie bewies er sich und der Rallye-Welt, welche Klasse er immer noch hat. Kremers Leistung ist umso höher zu bewerten, weil er in der von neuen R5-Turboautos dominierten Klasse mit einem alten Saugmotor-Skoda mithalten konnte Und so wuchs der Plan, mit Beifahrer Klaus Wicha noch einmal auf Titeljagd zu gehen.

Kremer verlässt sich auf das renommierte RBB-Team von Raimund Baumschlager. Der hat beste Drähte zum Skoda-Werksteam und erhält als erster Kunde den nagelneuen Fabia R5, der im April homologiert werden soll.

Rallyeerfolge sind Fahrersache

Zum Saisoneinstand musste Kremer noch auf das alte, aber zuverlässige Vorgängermodell Fabia S2000 zurückgreifen, bewies aber wieder einmal, dass Rallye-Erfolge zunächst einmal eine Fahrersache sind. Bei heiklen Bedingungen in Schnee, Eis und matschigen Asphaltpisten turnte Kremer trotz des leichten technischen Nachteils auf Platz drei vor. Maximal sieben Läufe kann ein WRC2-Teilnehmer nominieren, seinen zweiten Autritt hat Kremer Ende Mai in Portugal, wenn alles planmäßig läuft, sitzt dann auch er in einem der neuen, 280 PS starken R5-Turboallrader, die in der zweiten WM-Liga den Ton angeben.

Auch der zweite Deutsche will in Portugal wieder auf Punktejagd gehen. Christian Riedemann verlor durch eine Verletzung im Vorjahr die Chance, um den Junioren-WM-Titel zu kämpfen. Der frisch gebackene Kraftfahrzeug-Mechatroniker-Meister verlor zwar nach drei Jahren planmäßig die finanzielle Förderung der ADAC-Stiftung Sport, und auch sein Sponsor Citroën Deutschland suchte sich einen jüngeren Fahrer, aber Riedemann meldete sich trotzdem abermals für die Junioren-WM an, wo er mit 27 ein letztes Mal starten darf.

Der Sulinger fährt seine fünfte internationale Saison und bewies seine Reife und Klasse schon beim Auftakt. Ohne nennenswerte Testgelegenheit fuhr er seinen Citroën DS3 R3 bei einer schwierigen Rallye Monte Carlo auf den zweiten Platz in der WRC3 für frontgetriebene Turboautos. Im Schlussspurt fing er auf dem Col de Turini noch das hoch gehandelte norwegische Talent Ole Christian Veiby ab. Vor allem bei den Asphalt-Rallyes zählt Riedemann in der angelaufenen Saison zu den Sieganwärtern. 2015 soll es mit dem Titel des Junioren-Weltmeisters endlich klappen, allerdings fehlt es für die ganze Saison noch an Busget.

Armin Kremer war eigentlich längst zurückgetreten, aber der 46-Jährige will es noch mal wissen

Mit 27 darf Christian Riedemann noch einmal in der Junioren-WM antreten. Bei der Monte holte er Rang zwei

In der WRC-3-Kategorie für Frontriebler ist der Citroën DS3 R3T mit Turbomotor das Maß aller Dinge

Mit dem betagten Saugmotor-Fabia S2000 fuhr Kremer in Monte Carlo aufs Podium, der neue Fabia R5 Turbo kommt im Frühling

2015 kehrt die WM zurück in den Norden Portugals

Beim Saisonauftakt in Monte Carlo war eigentlich ein anderer für den großen Auftritt vorgesehen. Sébastien Loeb ließ sich zu einem Gastauftritt überreden. Matton hat die Parole ausgegeben, mindestens wieder einen Sieg einzufahren. Die Chancen standen mit dem siebenfachen Monte-Sieger alles andere als schlecht, aber ein Fahrfehler machte die Hoffung auf den lange geheim gehaltenen Überraschungscoup zunichte. Nun muss sich das Team wieder auf die zweite Parole konzentrieren: Mehr Punkte zu holen als 2014, wo man mit Ach und Krach das unterfinanzierte M-Sport-Team in der Marken-Wertung hinter sich ließ.

> „Citroën steckt sich bescheidene Ziele: Ein Sieg und mehr Punkte als 2014, wo die Franzosen mit Ach und Krach Rang zwei in der Marken-Tabelle holten“

Citroën und das liebe Geld

Das Budget ist auch bei Citroën der große Hemmschuh. 2014 konzentrierte man die knappen Ressourcen voll auf die WTCC, das Rallyeprojekt wurde nur am Leben gehalten, weil Hauptsponsor Abu Dhabi als Mitgift für den Araber Khalid al Qassimi jährlich eine zweistellige Millionensumme überweist. Der DS3 WRC lag im Vorjahr technisch nahezu brach. Testfahrten gab es in der zweiten Saisonhälfte kaum. Aber seit man die schwache Konkurrenz auf der Rundstrecke mühelos unter Kontrolle hat, konnte Technik-Tausendsassa Xavier Méstélan seinen DS3 über den Winter erheblich verbessern.

Eine neue Hinterachse bietet mehr Fahrstabilität und mehr Spielraum in Abstimmung und Bodenfreiheit. Ein neuer Heckflügel verschafft dem Weltmeisterauto von 2011 und 2012 mehr Abtrieb. Die Fahrer loben, dass sich der DS3 in Sachen ausschwenkendes Heck nun deutlich weniger zickig gebärdet.

Aus dem Tourenwagen entnahm Méstéan den verglichen mit dem WRC kompromissloseren Rennmotor und passte ihn für Rallyezwecke an. Auch wenn die ganz großen Resultate bisher fehlen, hat der DS3 schon bewiesen, dass er in kundigen Händen auch im fünften Jahr noch ein Siegerauto ist. Dabei ist das Ende der Fahnenstange für diese Saison noch nicht erreicht. Die kleine Technikabteilung schaffte unter der Doppelbelastung mit dem WTCC-Projekt bis zum Saisonbeginn noch nicht das ganze Programm, eine überarbeitete Aerodynamik der Frontpartie und neue Radaufhängungen vorn folgen ab dem Sommer.

Doppelbelastung bei Hyundai

Zu wenig Manpower und zu wenig Zeit sind auch das Thema beim erst 2013 formierten Hyundai-Team. Mittlerweile ist die Ingenieurs-Mannschaft vollzählig, mit dem Italiener Nino Frison seit Sommer 2014 auch ein Technikchef gefunden, der den Teamchef und gelernten Ingenieur Michel Nandan entlastet. Im Teamsitz, einer ehemaligen Solarfabrik im bayerischen Alzenau, ist reichlich Platz, mit Inbetriebnahme der Motorenprüfstände ist das Hauptquartier der Koreaner nun voll funktionstüchtig.

Wenn da nicht die Doppelbelastung wäre: War es schon schwer genug, dem von rallye-unerfahrenen Konstrukteuren aus Korea entwickelten i20 in der Debütsaison 2014 das Laufen richtig beizubringen, steht in dieser Saison nach nur einem Jahr im Einsatz der Modellwechsel zum Nachfolgemodell an. Schon seit vergangenem Sommer konzentriert sich die Designabteilung voll auf das neue Auto.

VW Die Weltmeister versuchen das Beste noch zu verbessern

VW baute trotz Überlegenheit einen neuen Polo

Youngster Andreas Mikkelsen will 2015 seinen ersten WM-Sieg feiern

Jari-Matti Latvala mauserte sich 2014 zum ernsten Ogier-Jäger

Sébastien Ogier ist bei jeder Rallye der Mann, den es zu schlagen gilt

Im Test lief bisher ein Versuchsträger, der eine Mischung aus dem bisherigen WRC und der viertürigen Variante des Nachfolgers war, denn der zweitürige i20 wurde erst im Frühjahr 2015 präsentiert. Neben der Chassis-Entwicklung gilt das größte Augenmerk dem Motor, der im Nachfolger ein völlig neu konstruierter, reiner Rennmotor sein wird. Der Vierzylinder ist bisher der größte Schwachpunkt, denn es fehlt an Leistung und Drehmoment. Mit Hilfe des versierten französischen Tuners Pipo gelang es zwar, den 1,6-Liter-Turbo standfest und halbwegs flott zu bekommen, dennoch klagen die Fahrer über fehlenden Vortrieb beim Beschleunigen aus engen Kurven.

Das Manko liegt aber auch im Fahrwerk begründet, denn der bisherige i20 ist eher wie ein Rennauto konstruiert, fährt sich am besten mit harter Fahrwerksabstimmung und leidet an zu kurzen Federwegen. Eine neue Homologation des Fahrwerks lohnt nicht, denn das neue Auto kommt im Sommer. Als Debüt hat Nandan die Deutschland-Rallye angepeilt, wegen des Stammsitzes in Alzenau quasi ein Heimspiel.

Gutes Pflaster Deutschland

Trier ist auch deshalb ein gutes Pflaster für Hyundai, weil man gute Erinnerungen an die Mosel hat. Weil VW patzte, holten die Koreaner 2014 in Rheinland-Pfalz ihren ersten WM-Sieg überhaupt, und dann gleich einen Doppelerfolg.

Damals war das noch ein Abstaubersieg. Im reinen Speed fehlten dem bisherigen i20 WRC auf den VW Polo etwa drei Zehntelsekunden pro Kilometer. Doch obwohl der Hyundai abgesehen von einer neuen Motorelektronik seit Mitte 2014 nicht weiterentwickelt wurde, erwies er sich im ersten Saisonviertel 2015 als erstaunlich schnell. In Schweden operierte Teamleader Thierry Neuville erstmals voll auf Augenhöhe mit den VW, er musste sich als Zweiter dem Sieger Ogier im Ziel nach 350 Kilometern nur um 6,8 Sekunden geschlagen geben. Dabei muss der talentierte Belgier noch mit einem konventionellen Schaltstock vorlieb nehmen. Auch für die Entwicklung einer seit 2015 wieder erlaubten Wippen-

M-Sport-Ford Ohne Werksunterstützung heißt es: Durchhalten

Der Fiesta bekommt einen neuen Motor

Elfyn Evans glänzte 2014 mit Zuverlässigkeit und schnellen Zeiten

Ott Tänak hat großes Talent, macht aber nicht selten auch große Fehler

> „Für M-Sport zählen WM-Punkte wenig. Malcolm Wilson will mit Achtungserfolgen im Gespräch bleiben, in der Hoffnung, das Ford zurückkehrt"

schaltung war in Alzenau zu wenig Zeit, weil man gleichzeitig ein Schaltsystem für den neuen i20 entwerfen musstte. Erst ab dem vierten Lauf in Portugal können die Fahrer auf eine Lenkradschaltung zurückgreifen.

Die Mannschaftsaufstellung mit Neuville als Kapitän ist weitgehend gleich geblieben. Das zweite Cockpit erhielt der auf Asphalt extrem schnelle und ansonsten sehr zuverlässige Punktelieferant Daniel Sordo. Der 27-jährige Neuseeländer Haydon Paddon soll nach ermutigenden Resultaten im Vorjahr für die Zukunft aufgebaut werden, dafür musste der schon 33-jährige Finne Juho Hänninen über die Klinge springen. Teamchef Nandan hat noch ein weiteres Eisen im Feuer. Den Niederländer Kevin Abbring lockte er aus dem Peugeot-Werksteam aus der Europameisterschaft. Der 26-Jährige ist ein gefragter Testfahrer und soll in der zweiten Saisonhälfte bei einigen Rallyes ein viertes Werksauto bewegen. Seine Feuerprobe hatte Abbring schon in Schweden, als Sordo wegen eines Armbruchs pausieren musste.

Ernsthafter Anwärter Hyundai

Trotz des gehetzten Zeitplans und der ständigen personellen Auf- und Umbauarbeit des Teams hat sich Hyundai in nur einem Jahr als ernsthafter Anwärter auf Toppositionen etabliert. Wer nicht gerade VW-Anhänger oder Ogier-Fan ist, setzt nun die Hoffnung darauf, dass der neue i20 die Dominanz aus Wolfsburg brechen kann. In der Marken-Tabelle liegen die Koreaner hinter VW auf Rang zwei, und mit 24 Punkten Rückstand durchaus noch in Schlagdistanz.

Noch vor Citroën auf Rang drei liegt das Team, das wie kein anderes weiß, wie man aus wenig so viel wie möglich macht. Malcolm Wilsons M-Sport-Team verlor Ende 2012 die Werksunterstützung von Ford und setzt seine Fiestas nun in Eigenregie ein. Seit 2014 hat der Engländer auch keinen großen Sponsor mehr, trotzdem bleibt die Mannschaft aus Cumbria dabei und stellt wegen ihres umfangreichen Kundensportprogramms nicht selten die Hälfte des Starterfeldes. Der Fiesta ist in unterschiedlichen Spezifikationen in drei der vier bedeutends-

Die Hoffnung auf mehr Spannung ruht auf Hyundai

ten Fahrzeugkategorien vertreten, als Wilson den Auftrag für die Ausrüstung der Junioren-WM verlor, hob er zum Erhalt des Absatzes mit Hilfe des Reifenherstellers Dmack blitzschnell einen Markenpokal aus der Taufe.

Mit dem Kundensport und dem Bentley-GT-Programm, das ihm Volkswagen zuschanzte, hält sich Wilson über Wasser und baut für Rennkunden gar eine eigene Testrennstrecke im Lake District. Sein Chefkonstrukteur Christian Loriaux widmet sich nahezu vollständig dem Rundstrecken-Thema. Das WRC-Projekt hat nun Chris Williams übernommen, der zuvor den in regionalen Meisterschaften und der WRC2 erfolgreichen Fiesta R5 entwickelte. Viel konnte der Engländer allerdings gar nicht tun, denn dem Team fehlt schlicht das Geld. Immerhin sind die WRC-Fiesta mit der neuen Wippenschaltung ausgestattet, aber die ist technisch kein Hexenwerk. Eine größere Baustelle ist seit Jahren der Motor, der als einziger WRC-Motor auf einem Serienaggregat basiert.

Neuer Motor auch ohne Ford

Schon 2013 begann das Team daher, sich vom Ford-Ecotec zu lösen und in Eigenregie einen reinen Rennvierzylinder zu bauen. Mangels großem Hersteller im Rücken ging die Entwicklung allerdings schleppend vonstatten. Nach einigen Rückschlägen soll das neue Triebwerk allerdings vielversprechende Fortschritte bringen und nach den zwei Überseerallyes in Lateinamerika ab dem fünften WM-Lauf in Portugal eingesetzt werden.

Schon als er Ford noch an Bord htte, konnte sich Wilson das zeitweilig vakante Supertalent Ogier nicht leisten, und setzt daher seit langem auf den Aufbau von Nachwuchstalenten. Der 26-jährige Elfyn Evans ist zwar Waliser, trägt aber die Hoffnungen ganz Großbritanniens und zeigte 2014 mit konstanten und guten Leistungen eine viel versprechende Debütsaison. Den 27-jährigen Ott Tänak hatte Wilson schon einmal entdeckt, den Esten aber nach einem Jahr als schwer erziehbar wieder auf die Straße gesetzt. Deutlich gereift, bekommt Tänak eine zweite Chance. Beide schnupperten schon am Treppchen. Tänak wurde Vierter in Schweden, Evans in Mexiko, aber beide flogen auch schon von der Straße, Tänak in Mexiko sogar in einen Stausee.

Teamchef Wilson sind die Punkte egal, er will sich im Geschäft und im Gespräch halten, sollte Ford wie Toyota 2017 in die WM zurückkehren wollen. Dann würden sich mit VW und Hyundai vier der fünf größten Autohersteller der Welt in der Rallye-WM balgen.

Die nahe Zukunft der WM liegt in der Vergangenheit

Mit der Rückkehr nach Korsika und in den Norden Portugals betritt der WM-Zirkus geschichtsträchtigen und legendären Boden, aber die Umzüge sind nicht unumstritten

Gebetsmühlenartig betonen Hersteller, WM-Vermarkter und auch die Sportbehörde FIA, wie wichtig eine Osterweiterung der Rallye-WM wäre. Man möchte neue Märkte erschließen und in die boomenden Massenmärkte Indiens und Chinas vorstoßen, nur passiert ist in Sachen WM-Rallye in den betreffenden Ländern wenig. Auch um einen möglichen Lauf in Brasilien und in Afrika ist es still geworden. Die in Frage kommenden Rallyes hatten nicht die gewünschte Qualität.

Und so präsentiert sich der WM-Kalender 2015 auf den ersten Blick praktisch identisch wie der des Vorjahres. Trotzdem gibt es bedeutende Änderungen, auch wenn die auf den ersten Blick nicht auffallen. So hat die Rallye Portugal ihren Standort gewechselt. Von der Algarve wanderte eine der traditionsreichsten WM-Rallyes wieder in ihr Stammland, den Norden Portugals zurück. Zwar gab es kaum Beschwerden über den bisherigen Standort, aber FIA-Präsident Todt erinnerte sich an seine alten Zeiten als Beifahrer und beklagte die spärliche Anzahl Zuschauer, während schon zu einem Show-Event auf der legendären Fafe-Prüfung im Norden mühelos 15000 Fans auftauchen. Der Umzug in den Norden bedeutet aber auch die Rückkehr in die Gegend, in der es in den Achtziger Jahren zu schweren Unfällen wegen der Zuschauermassen kam. Bei aller Begeisterung für die Begeisterung der Fans wird die wichtgste Frage sein, ob der Veranstalter die Sicherheit für alle Beteiligten garantieren kann.

Rallye	Datum
1. Monte Carlo	22.-25. Januar
2. Schweden	12.-15. Februar
3. Mexiko	5.-8. März
4. Argentinien	23.-26. April
5. Portugal	21.-24. Mai
6. Italien	11.-15. Juni
7. Polen	2.-5. Juli
8. Finnland	30. Juli - 2. August
9. Deutschland	20.-23. August
10. Australien	10.-13. September
11. Frankreich	1.-4. Oktober
12. Spanien	22.-25. Oktober
13. Großbritannien	12.-15. November

» Ein einmaliges Experiment im Oktober: nur fünf Prüfungen für ein Wochenende «

Auch Korsika ist geschichtsträchtiges, aber auch tragisches Pflaster. Immer wieder erschüttert von schweren Unfällen, hielt sich das asphaltierte Kurvengewirr bis Ende 2008 im WM-Kalender. Dann ging das Geld aus. Doch das gleiche Schicksal ereilte in diesem Frühjahr die Nachfolge-Veranstaltung im Elsass, wo man nach dem Rückzug von Lokalheld Sébastien Loeb nicht mehr allzu motiviert ist. Spontan wurde Korsika aus dem EM-Kalender gesprengt und in die WM zurückkatapultiert. Weil es auch den Korsen an Budget mangelt und keine Zeit für eine sorgfältige Vorbereitung bleibt, soll im Oktober ein neues Experiment stattfinden: Für das ganze Wochenende sind bisher nur insgesamt fünf Prüfungen geplant, die aber um die 70 Kilometer lang sein sollen.

Die Felsen Korsikas sind ein beliebtes Fotomotiv

MICHELIN
FIA
FIA ACTION FOR ROAD SAFETY
ROLEX
24h LE MANS
14-15 JUIN 2014
TOYOTA

Die Schlacht um Le Mans

Mit Audi, Porsche, Toyota und Neuzugang Nissan wird der Kampf um die Siegerpokale in Le Mans und der Sportwagen-WM 2015 zum hitzigen Vierkampf. Welches LMP1-Konzept ist das beste – und wer ist Favorit?

Toyota TS040 Hybrid Toyota bleibt 2015 in der 6-MJ-Hybridklasse

Toyota-Technikchef Pascal Vasselon gibt für 2015 klare Ziele vor

Seit 1923 ist das 24-Stunden-Rennen in Le Mans die Königsdisziplin im Langstreckensport. Seit 1971 weiß das auch die ganze Welt, da kam der Spielfilm „Le Mans“ von Steve McQueen in die Kinos. Seit 2014 bekommt nun auch die Topklasse LMP1 die ihr gebührende Aufmerksamkeit, ein neues und innovatives Technikreglement hat die Strahlkraft schlagartig erhöht.

Abgesehen davon, dass drei große Hersteller erkleckliche Budgets aufwenden, um mit ihren spektakulären LMP1-Projektilen in Le Mans um die Wette zu sausen, gummieren sie auch die 2012 etablierte Sportwagen-WM zum Erfolg. Und das Verdienst dafür gebührt eindeutig dem kongenialen LMP1-Technikreglement.

Zwar ist kaum ein Normalsterblicher in der Lage, die komplexen physikalischen und mathematischen Be- und Verrechnungen zu verstehen, die sicherstellen sollen, dass unterschiedliche Konzepte nicht zu völlig unterschiedlicher Performance auf der Rennstrecke führen. Was die Zuschauer aber verstehen, ist, dass die LMP1-Projektile trotz deutlicher Reduktion des Verbrauchs – zwischen 20 und 30 Prozent je nach Motorkonzept – mehrere Sekunden pro Runde schneller fahren. Und dass die leistungsstarken Hybridsysteme den Power-Verlust beim Verbrenner mehr als kompensieren und so zum Beispiel Toyota in der Lage ist, eine Systemleistung von 1000 PS zu kommunizieren.

So ist das Thema Hybridisierung plötzlich ebenso spektakulär wie positiv besetzt. Weil auch auf der Straße wie der Teufel hybridisiert werden muss, um die Zielvorgaben bei den Emissionen zu erfüllen, hat sich der Sportwagensport in eine Vorreiterrolle manövriert. Im Gegensatz zur Formel 1, wo vom Motor bis zum Hybridsystem alles normiert ist, genießen die Hersteller in der LMP1-Klasse staunenswerte Freiheitsgrade.

Beim Verbrenner ist die Zahl der Zylinder ebenso frei wie der Hubraum. Turbodiesel oder doch ein frei saugender Benziner? Die Hersteller haben die freie Wahl, Luftmengenbegrenzer gibt es nicht mehr, stattdessen wird die erlaubte Energiemenge über die Kraftstoffzufuhr limitiert. Auch bei den Hybridsystemen können die Hersteller beim Energiespeicher oder der Rekuperation frei denken und wählen.

Wenn es theoretisch noch einen Pferdefuß gibt, sind es die Kosten: Wer gegen das LMP1-Dreigestirn Toyota, Audi und Porsche antreten will, braucht einen gut gefüllten Geldspeicher. Dreistellige Millionenbudgets sollten zur Verfügung stehen, um sich auf die Siegerstraße zu kanonieren. Und was man für den Mitteleinsatz zurückbekommt,

Toyota setzt im Auto mit der Startnummer 1 für die Saison 2015 auf drei leichte Fahrer: Anthony Davidson, Sébastien Buemi und Kazuki Nakajima sollen für Toyota den WM-Titel verteidigen – und natürlich endlich in Le Mans siegen

Porsche 919 Hybrid Porsche hat die Hybridleistung klar gesteigert

Der Star der WM-Szene: Ex-F1-Pilot Mark Webber

Porsche hatte bis März 18 800 Kilometer getestet

ist sicher noch ausbaufähig. Die Sportwagen-WM macht zwar erkennbare Fortschritte bei der öffentlichen Wahrnehmung, und das 24-Stunden-Rennen in Le Mans ist als WM-Saisonhöhepunkt eh ein Selbstläufer. Kritiker sagen aber: Wer in der Formel 1 gewinnt, gibt vergleichbare Summen aus, bekommt jedoch einen größeren Marketing-Gegenwert. Trotzdem steigt mit Nissan 2015 ein vierter Hersteller auf den LMP1-Zug auf.

Friede, Freude, Eierkuchen?

Im vergangenen Jahr genossen die Fans eine extrem spannende LMP1-Saison, was beweist, dass das komplexe Reglement auch in der Praxis gut zu funktionieren scheint. Toyota holte zwar beide WM-Titel und hatte auf den meisten Rennstrecken erkennbare Vorteile. Doch Porsche stieg als Neuzugang auf einem hohen Niveau in die WM ein – und holte beim Finale in São Paulo den ersten Sieg. Audi wiederum knackte den großen Jackpot in Le Mans, hatte aus unterschiedlichen Gründen auf den meisten WM-Strecken aber das Nachsehen. So konnten 2014 eigentlich alle Hersteller zufrieden sein – jeder hatte seine Highlights, keiner ging völlig leer aus.

Dass sich dieser Friede-Freude-Eierkuchen-Befund auch in der Saison 2015 wieder einstellen wird, muss bezweifelt werden. Alle Hersteller haben über den Winter extrem hart geschuftet, um sich 2015 ein größeres Stück aus dem WM-Kuchen zu schnappen. Wie das gehen soll? In der LMP1-Klasse wird scharf geschossen, jedoch stecken keine goldenen Kugeln im Revolverlauf, mit denen man die Performance binnen eines Winters schlagartig erhöhen könnte. Dafür ist das Reglement zu engmaschig gestrickt und die Konkurrenz schlicht zu ausgewogen.

Also mussten die drei etablierten LMP1-Hersteller Kernbereiche identifizieren, die einen Beitrag zur Rundenzeiten-Verbesserung leisten können. Die Schwerpunktsetzungen waren zwar unterschiedlich – aber doch irgendwie identisch zugleich: Optimierungen beim Motor und beim Hybridsystem sowie ein noch höherer Automatisierungsgrad bei der Leistungsabgabe und der Boost-Strategie standen bei allen Herstellern im Lastenheft.

Die Aerodynamik rückte stark ins Zentrum der Aufmerksamkeit – denn was bringt ein sparsamer Motor, wenn dessen Leistung mit zu viel Luftwiderstand verschwendet wird? Drittens stand bei allen drei Herstellern die Verbesserung der Reifennutzung im Lastenheft, denn was nützt ein brandschnelles LMP1-Auto, wenn der Reifen nicht konstant mechanischen Grip liefern kann, um den Speed auch umzusetzen?

Und viertens hat das Erreichen des Mindestgewichts von 870 Kilogramm hohe Priorität. Porsche hatte letztes Jahr zum Beispiel noch 30 Kilo Übergewicht. 2015 soll das Auto schneller werden, was teilweise sogar mehr Gewicht erfordert. Doch das

„Die letzte Saison hat bewiesen, dass wir ein starkes und stimmiges Fahrzeugkonzept entwickelt haben"

Porsche-Technikboss Hitzinger

Gewicht – und die Gewichtsverteilung – hat einen großen Einfluss auf die Fahrzeug-Performance: 30 Kilo entsprachen letztes Jahr auf einigen Strecken bis zu sieben Zehntelsekunden pro Runde.

„Es ist sehr knifflig, einerseits die Performance zu steigern, was immer auch Mehrgewicht bringen kann, andererseits das Gesamtgewicht so zu senken, dass die Gewichtsverteilung erhalten bleibt", erklärt Porsche-Technikchef Alex Hitzinger. Zu Deutsch: Man muss querbeet durchs Auto überall ein paar Gramm Gewicht wegfeilen – wahrhaft eine Sisyphusarbeit.

Der Kampf um kleine Zeitspäne

Die spannendste Frage, die alle Ingenieure bei ihrer Winter-Routine umtrieb: Wie viel Performance muss ich exakt finden, um 2015 siegfähig zu sein? Die eindeutigsten Antworten erhält man im Porsche-Camp, aber auch bei Toyota tendiert man zu der Erkenntnis, dass eine Rundenzeiten-Verbesserung im Bereich von durchschnittlich zwei Prozent einen guten Näherungswert darstellt. Die Aussage gilt primär für alle WM-Strecken außer Le Mans, denn der Kurs an der Sarthe ist ein Sonderfall, weil spezielle Low-Downforce-Kits zum Einsatz kommen. Nimmt man das Mittel der schnellsten LMP1-Rundenzeiten auf allen anderen WM-Rennstrecken, dann entspricht ein Performance-Gewinn von zwei Prozent ziemlich exakt einer Rundenzeiten-Verbesserung von zwei Sekunden pro Runde.

Grasen wir die Hersteller mal der Reihe nach ab und schauen, welche Mündungsklappen geöffnet sind. Was ein wenig knifflig ist, denn die meisten LMP1-Hersteller haben ihre Autos noch gar nicht auf die

→ Info

Hybrid als Schlüssel

Wie viel Hybridleistung muss ich rekuperieren, um 2015 wettbewerbsfähig zu sein? Der Trend geht klar nach oben: Audi (4 MJ) und Porsche (8 MJ) erhöhen die Hybridleistung, Toyota bleibt bei 6 MJ. Neueinsteiger Nissan wollte ursprünglich mit 8 MJ fahren, doch die Chancen dafür sinken täglich.

Audi R18 e-tron Quattro Audi konnte die Aero-Effizienz verbessern

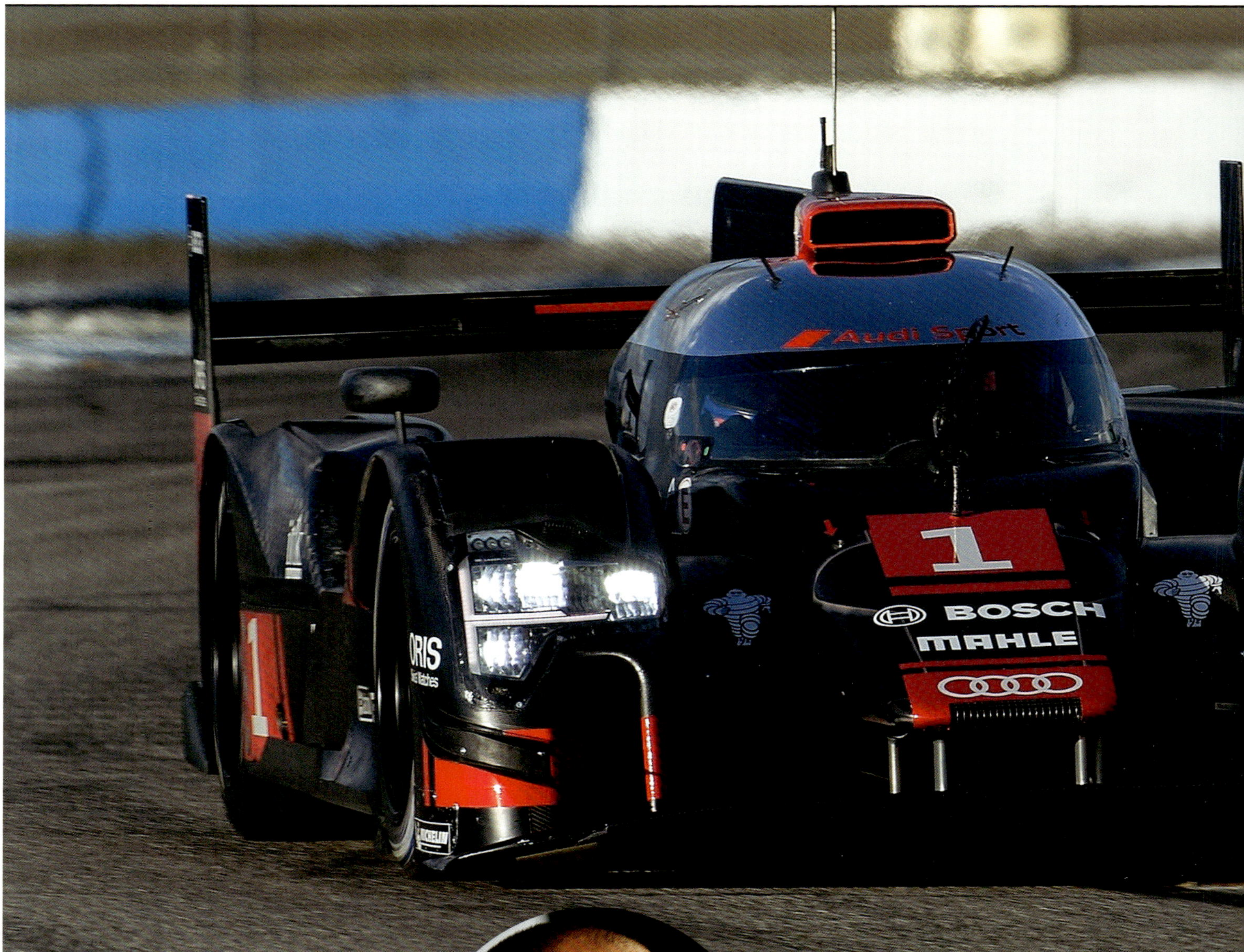

Bühne geschoben, und die technischen Spezifikationen werden vor dem offiziellen WM-Homologationstermin am 9. März gehütet wie ein Goldschatz.

Da ist zuerst Doppelweltmeister Toyota, der mit der Startnummer 1 in die neue Saison geht. Wer hätte das gedacht: Die Japaner hatten die deutsche Premium-Konkurrenz über weite Strecken der Saison 2014 im Qualifying und im Rennen klar im Griff. Nur in Le Mans hat es wieder nicht geklappt – wie so oft. Das soll sich 2015 ändern. Doch wie?

Den größten Aufwand betrieb das TMG-Team im Bereich der Aerodynamik, angeblich konnte man sich um 60 Punkte verbessern, was auf einer bis 300 Punkte reichenden Skala exakt 20 Prozent entsprechen würde – ein beeindruckender Wert. Das bedeutet übrigens nicht, dass Toyota 20 Prozent mehr Abtrieb hat, sondern die Aero-Effizienz, also Abtrieb bei Luftwiderstand, um 20 Prozent verbessert wurde. Abtrieb kann man nie genug haben, doch ein möglichst geringer Luftwiderstand spielt beim neuen Effizienzreglement eine noch wichtigere Rolle: Jedes PS, das sich bei zu hohem Luftwiderstand verflüchtigt, ist den Ingenieuren ein Dorn im Auge.

„Wir wollen in Le Mans und in der WM siegfähig sein – in dieser Reihenfolge"

Audi-Projektleiter Chris Reinke

Der TS040 Hybrid für 2015 wird zwar erst am 26. März präsentiert, noch wissen wir also nicht genau, wie das Aero-Upgrade im Detail aussieht. Das Bild auf Seite 132 zeigt zwar das neue Auto, aber aus einer Entfernung, die keine konkrete Beurteilung erlaubt. Mit dem alten Namen für das neue Auto hat es auch eine Bewandtnis: der Toyota-LMP1 folgt dem letztjährigen Konzept, das Monocoque blieb gleich und die wesentlichen Baugruppen wie Motor, Getriebe, Hybridsystem und Energiespeicher sind Übernahmen – zumindest auf dem Papier.

Das Hybridsystem mit Bremsrekuperation an allen vier Rädern wurde jedoch komplett überarbeitet, ebenso wie der Energie-

In Le Mans will Audi den 24h-Sieg verteidigen

Erfolg im Visier: Joest-Technikchef Ralf Jüttner

speicher, dessen mittlere Leistung durch eine Erhöhung der Anzahl der Superkondensatoren gesteigert werden konnte. Das soll die Leistungsverluste durch Alterung der Kondensatoren über die Renndistanz reduzieren. Toyota hatte 2014 in den Rennen mit nachlassender Leistung des Hybridsystems zu kämpfen, was auch Rückwirkungen auf den Verbrauch des V8-Motors hat. Die Japaner werden 2015 nur in der 6-MJ-Klasse starten, da die Nachteile beim Aufstieg in die 8-MJ-Klasse überwiegen – besonders bei Gewicht, Kühlung und Packaging.

Zwar wäre es reizvoll gewesen, für den Sonderfall Le Mans auf 8 MJ aufzusatteln, aber offenbar wogen die Nachteile auf den anderen WM-Rennstrecken zu schwer. TMG wollte zudem unbedingt unter dem Gewichtslimit von 870 Kilo bleiben. Und schließlich sind 8 MJ realistisch nur mit Batterien als Energiespeicher zu erreichen – und angeblich werden die Japaner 2016 genau deshalb auf Batterietechnik wechseln. Weniger Gewicht, eine stabilere Hybridleistung und die deutliche Verbesserung bei der Aero-Effizienz haben dem Vernehmen nach die Rundenzeiten beim Test in Aragón im Bereich von 1,5 bis zwei Sekunden gedrückt – wobei Toyota meist mit vollen Tanks unterwegs gewesen sein soll. Beim Thema Reifennutzung und Fahrwerk waren die Japaner schon letztes Jahr der Maßstab, sodass sich die Gegner besser warm anziehen sollten.

Porsche: Siege sind das Ziel

Muss Porsche also die Pudelmütze auspacken? Die Schwaben wollen 2015 konstant siegfähig sein – das ist das erklärte Ziel. Das Fahrzeugkonzept blieb zwar gleich, das Auto ist aber neu. Warum? Porsche musste flächendeckend 30 Kilo einsparen. Dafür wurde jedes einzelne Bauteil auf sein Einsparpotenzial überprüft, was zu einem kompletten Redesign führte. „90 bis 95 Prozent der Bauteile sind neu, dazu haben wir alle Verbesserungspotenziale umgesetzt, die wir im Debütjahr 2014 identifizieren konnten", so Technikchef Alex Hitzinger.

Porsche hat für 2015 den Aufstieg in die höchste Hybridklasse fest im Visier, wenngleich sie es noch nicht offiziell bestätigt haben. Um 8 MJ rekuperieren zu können, muss das gesamte Hybridsystem samt Energiespeicher deutlich leistungsfähiger werden. Das bedeutet eigentlich mehr Gewicht, zum Beispiel mehr Batteriezellen, sprich: Porsche wird vermutlich in Summe sogar 40 Kilogramm einsparen müssen, um das Limit von 870 Kilo nicht zu überschreiten.

Auch beim Motor wollen die Schwaben nach der Lernsaison noch Power-Reserven ausgemacht haben. Der Viererschritt aus mehr Hybrid-Power, weniger Gewicht, verbesserter Aero-Effizienz und Optimierungen beim Vierzylinder-Turbomotor sollte

Nissan GT-R LM Nismo Kann Nissan mit Frontantrieb siegen?

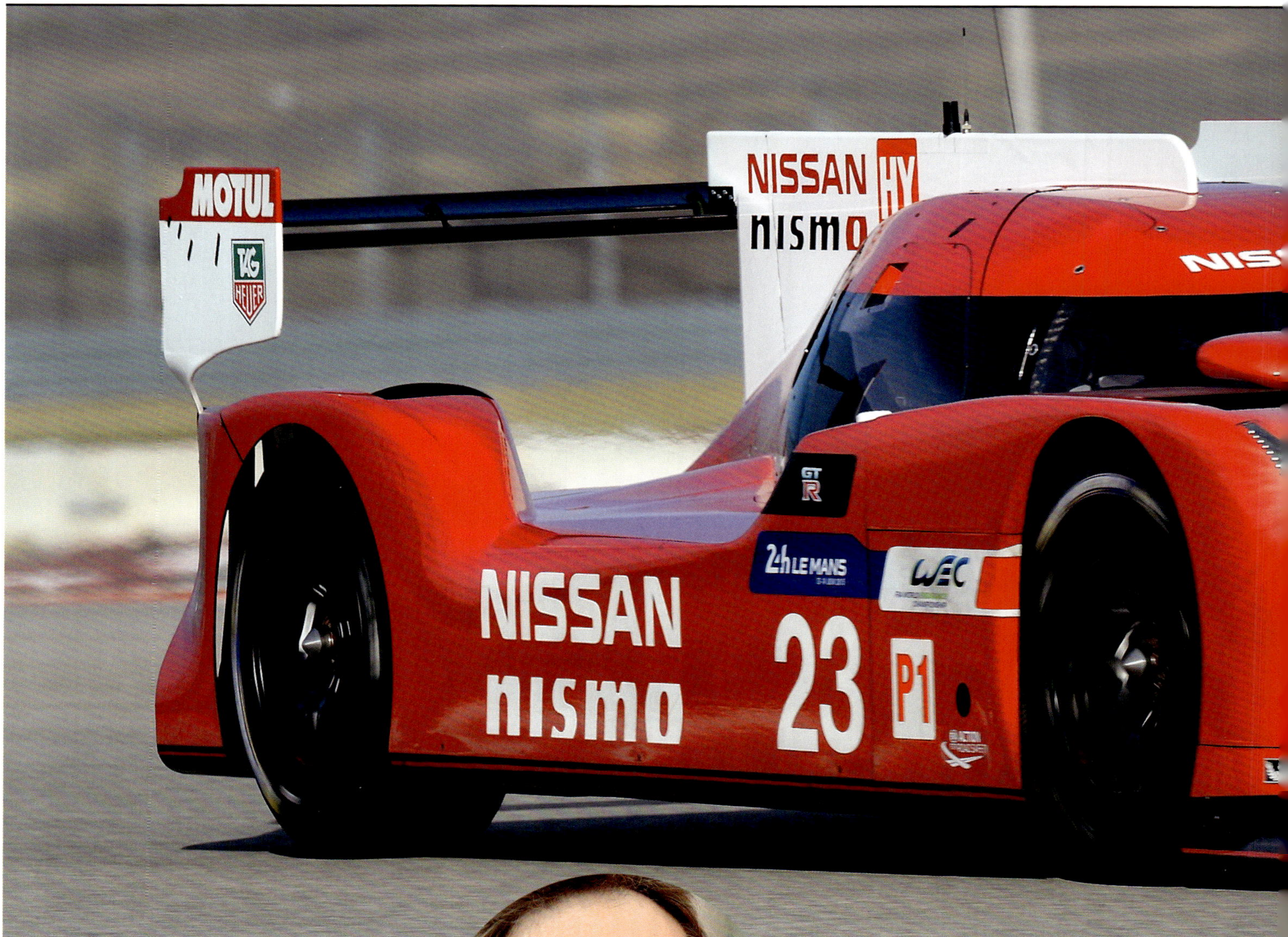

reichen, um 2015 konstant um WM-Siege mitfahren zu können. Da der Porsche 919 Hybrid besser aussortiert und erprobt ist als im Vorjahr, kann man 2015 auch die Reifenwahl aggressiver angehen.

Porsche verwendet schon seit 2014 ein patentiertes Hub-Wank-Fahrwerk, dass die Aero-Plattform des Fahrzeugs bei Lastverschiebungen – wie beim Bremsen – konstant halten soll, indem zum Beispiel die Aufhängungsteile an der Hinterachse via Hydraulik Bewegungen an der Vorderachse ausgleichen. In der Formel 1 waren solche FRIC-Fahrwerke (Front and Rear Inter-Connected) oder LSS-Systeme früher voll im Trend, mittlerweile sind sie dort verboten. Porsche hat diese Lösung in den LMP-Sport gebracht, andere werden für die Saison 2015 angeblich nachziehen.

Dass Audi für 2015 einen aggressiven Entwicklungsschritt anvisiert, war klar. Mit Ausnahme von Le Mans hinkten die R18 e-tron Quattro beim Speed meist deutlich hinter Toyota und Porsche her. Im Audi-Lager macht man dafür mehrere Faktoren verantwortlich: die mit 2 MJ zu niedrige Hybridleistung und einen Nachteil beim Motor von gut 30 PS, der dadurch verschlimmert wird, dass man eine geringere Reichweite als die Gegner aufwies, was zu dem Kuriosum führte, dass Audi mit dem Diesel-V6 oft einen Tankstopp mehr benötigte als die Benziner-Konkurrenz.

» Wir haben die Hybridleistung bisher nicht an der Hinterachse boosten können, nur an der Vorderachse «

Nissan-Technikchef Ben Bowlby

Audi: In die Hände gespuckt

Bei Audi hat man das öffentliche Jammern über Ungerechtigkeiten im Reglement eingestellt – und stattdessen ordentlich in die Hände gespuckt: Weil Audi dreimal so viel Zeit im Windkanal verbringt wie die Gegner, wurde hart an der Aero-Spezifikation gefeilt, wie die aggressive Frontpartie beweist. Im letzten Jahr fuhr Audi mehr Abtrieb als Toyota und Porsche. Angeblich hat man für 2015 kaum Abtrieb eingebüßt, den Luftwiderstand aber deutlich verringern können.

Aerodynamiker nennen das billige Rundenzeit, denn man gewinnt mit weniger

Nissan kam bei Testfahrten nicht auf Touren

Skurrile Optik: Motor und Getriebe vorne, dazu noch Frontantrieb

Audi übte in Sebring, um die Zuverlässigkeit zu überprüfen

Der WM-Pokal ist zwar schön, aber die Hersteller blicken zuerst auf Le Mans

Der Tanz ums goldene Kalb: 2015 werden vier LMP1-Werksteams um den Sieg kämpfen

Luftwiderstand die Zeit beim stumpfen Geradeausfahren. Gleichzeitig hat Audi versucht, die Möglichkeiten beim Trimmen der Aerodynamik zu verbessern und die Aero-Plattform bei Lastverschiebungen konstant zu halten – auch indem man angeblich ein LSS-Fahrwerk nach F1-Vorbild verwendet. Damit könnte sich auch die Reifennutzung noch einmal dramatisch verbessern lassen, denn Audi kämpfte 2014 bei einigen Rennen damit, dass die Vorderreifen nicht auf Temperatur kamen. Seit Mai 2014 war bekannt, dass Audi darüber nachdenkt, bei der Hybridleistung für 2015 nachzulegen.

Der Spielraum ist jedoch gering, denn das aktuell verwendete Schwungradkonzept lässt auch mit größter Anstrengung nicht mehr als 4 MJ zu. Offiziell hat Audi einen Wechsel in die 4-MJ-Klasse bisher nicht bestätigt, aber die Wahrscheinlichkeit dafür dürfte weiterhin ziemlich hoch liegen.

Beim Primärantrieb, sprich dem V6-Diesel, erfolgte der große Sprung ja bereits für 2014. Motorenchef Ulrich Baretzky gibt zu, dass im Detail an Gewichtseinsparungen „im einstelligen Kilogrammbereich" gearbeitet wurde, aber ein großes Leistungsplus war hier kaum möglich: „Bei einer Verbesserung des spezifischen Kraftstoffverbrauchs von mehr als zwei Prozent wird man sofort vom Reglement bestraft." Der maximale Spielraum liegt also nur in einem Fenster von zirka 10 PS.

Audi: Zwei Schritte auf einmal

Optimierungen lassen sich nur im Verbund mit gesteigerter Hybridleistung und der Steuerung der Leistungsabgabe durch Feintuning der Software erreichen. Hier wird in Zukunft der Automatisierungsgrad übrigens weiter ansteigen. Aber eines ist auch klar: Audi hatte 2014 ein klares Defizit, die Gegner Toyota und Porsche haben nachgelegt – ergo muss Audi für 2015 zwei Schritte auf einmal machen, was fast ein Ding der Unmöglichkeit ist, da sie nach wie vor weniger Hybridpower als die Gegner nutzen. In Summe sollten die Bayern jedoch näher an die Konkurrenz heranrücken. Und in Le Mans ist Audi immer eine Macht – daher darf man vermuten, dass diesem Rennen 2015 das Hauptaugenmerk gilt.

Auch bei Nissan steht das Rennen in Le Mans klar im Fokus. Das Grundkonzept des Nissan-LMP1 ist, sagen wir, außergewöhnlich, aber auch etwas versponnen: Der V6-Biturbo soll die Vorderräder antreiben, das Hybridsystem beim Bremsen an der Vorderachse 8 MJ rekuperieren und an der Hinterachse boosten, das Ganze gepaart mit extrem wenig Luftwiderstand und ergo extrem hohen Topspeeds – ja, Le Mans stand in der Konzeptphase klar im Fokus.

Doch der erste öffentliche Testauftritt Anfang März in Sebring offenbarte, dass der Rückstand immens ist, sogar das Konzept selbst muss nun in Zweifel gezogen werden. Denn der rein mechanisch arbeitende Schwungmassenspeicher schafft es offenbar

nicht, die Bremsenergie an der Vorderachse komplett aufzunehmen, was zu massiven Bremsproblemen führt, da das Hybridsystem bei aktiver Rekuperation in ganz erheblichem Maße zur Verzögerungsleistung beiträgt.

Nissan: Das Konzept zerfällt

Nissan verwendet 16 Zoll große Vorderräder, damit kleine Bremsscheiben, was aber nur funktioniert, wenn man 8 MJ beim Bremsen absaugt. Gleichzeitig haben die Vorderreifen hohe Seitenflanken, um den extremen Energieeintrag beim Bremsen, Lenken und Beschleunigen aufzunehmen. Eine Lösung, das Problem teilweise zu beheben, bestünde darin, auf 18-Zoll-Reifen zu wechseln und die vordere Bremsanlage größer zu dimensionieren – was aber erhebliche Einbußen bei der Performance des Konzepts nach sich ziehen würde.

Diese Lösung wäre das Eingeständnis, den Start in der 8-MJ-Klasse abzuschreiben und nur mit 2 oder maximal 4 MJ zu fahren. Damit ist es aber unmöglich, 1400 PS zu generieren, wie ursprünglich geplant, und damit ist es auch unmöglich, einen Vorteil in Le Mans zu haben. Um die Sache noch schlimmer zu machen, bestätigte Chef-Designer Ben Bowlby in Sebring, dass man bisher nur an der Vorderachse boostet, nicht aber an der Hinterachse.

> „Es ist wohl eher unwahrscheinlich, dass der neue Nissan-LMP1 sportlich eine große Rolle spielen wird"

Damit zerfällt das Konzept jedoch endgültig in seine Bestandteile, denn wie sollen die Vorderreifen neben dem fetten Lastkollektiv aus Bremsen, Lenken und Beschleunigung durch den Primärantrieb auch noch die paar Hundert Zusatz-PS beim Boosten verkraften? No way …

Der Plan B besteht nun offenbar darin, die Vorderachsbremse zu vergrößern und in eine kleinere Hybridklasse zu wechseln, womit aber alle theoretischen Vorteile des Ursprungskonzepts schlagartig dahin sind. Entsprechend bedröppelt standen die Nissan-Ingenieure in Sebring vor ihrem Auto, nach zwei von fünf geplanten Testtagen wurde bereits zusammengepackt, weil wieder mal ein Ersatzteil nicht auf Lager war.

Mittlerweile geht sogar die Angst um, dass die Nissan-Truppe beim WM-Start in Silverstone Mitte April gar nicht am Start stehen könnte. Wenn doch, wird Nissan sportlich keine Rolle spielen, das kann man schon jetzt festhalten. Dem technologischen Höhenflug der LMP1-Klasse wird aber auch das keinen Abbruch tun.

Feuer frei für die neue Saison: Audi RS 5 beim Test in Portimao

Neue Runde im großen Dreikampf

In ihrer 16. Saison seit der DTM-Neugründung duellieren sich Audi, BMW und Mercedes mit je acht Fahrern. Gut für die Fans: Statt bislang zehn wird es 18 Rennen geben.

Zurück in die Zukunft: In der so genannten guten alten Zeit, damals in den neunziger Jahren, als die Tribünen bei den DTM-Veranstaltungen sehr prall gefüllt waren, bekamen die Fans an jeweils zwei Tagen Rennen zu sehen.

Und auch als die DTM im Jahr 2000 nach einer dreijährigen Zwangspause wieder durchstartete, vertraute man auf dieses Rennformat. Doch 2001 war dies plötzlich passé: Auf einmal hieß es: Ein einziges Rennen ist Trumpf. Die Zuschauer stimmten mit den Füßen ab. Bei vielen Veranstaltungen wurden die Lücken auf den Tribünen immer größer.

Jetzt kommt die Kehrtwende: In diesem Jahr stehen erstmals wieder zwei Rennen auf dem Programm – eines am Samstag, das andere wie gewohnt am Sonntag. Beide Veranstaltungstage werden damit deutlich aufgewertet. Die Fans bekommen mehr zu sehen für ihr Geld.

→ auto motor und sport **Info**

DTM-Kalender 2015

Rennen	Datum
1. Hockenheim (D)	2./3. Mai
2. Lausitzring (D)	30./31. Mai
3. Norisring (D)	27./28. Juni
4. Zandvoort (NL)	11./12. Juli
5. Red Bull-Ring (A)	1./2. August
6. Moskau (RUS)	29./30. August
7. Oschersleben (D)	12./13. September
8. Nürburgring (D)	26./27. September
9. Hockenheim (D)	17./18. Oktober

Zwei Qualifyings

Die Startreihenfolge bei den Rennen wird in zwei Qualifikationstrainings ausgefochten. Krude Ideen, wie zum Beispiel eine umgedrehte Startreihenfolge für den zweiten Lauf, wurden erfreulicherweise verworfen. Die Qualfikation für das Samstag-Rennen findet am Samstag statt. Und, Achtung, jetzt kommt´s, das Qualifikationstraining für den Sonntags-Lauf geht am Sonntag Vormittag über die Bühne. Auch das ist erfreulich für die Zuschauer, denn bislang bekamen sie die DTM-Autos erst beim Rausfahren in die Startaufstellung erstmals zu sehen.

Wichtig zu wissen: Beim Rennen am Samstag ist kein Pflichtboxenstopp zum Wechsel der Hankook-Reifen vorgesehen. Am Sonntag müssen die Pneus einmal gewechselt werden. Demzufolge unterscheidet sich die Länge der Rennen: Am Samstag geht es über höchstens 40 Minuten. Bevor die Reifen in die Knie gehen, wird abgewunken. Am Sonntag hingegen beträgt die Renndauer rund 60 Minuten.

Eine für viele Zuschauer – und auch für manche Insider – schwer zu durchschauende Finesse des Reifen-Reglements wurde jetzt zu Grabe getragen: Der so genante Options -Reifen von Hankook kommt nicht mehr

> „Mit dem neuen Format – je ein Rennen am Samstag und am Sonntag – wir die DTM deutlich aufgewertet. Die Fans bekommen mehr für ihr Geld“

zum Einsatz. Jetzt wird wieder mit dem extrem haltbaren Standard-Slick gefahren. Die intransparenten Taktikspielchen der letzten beiden Jahre haben damit ein Ende.

Mercedes-Neuzugang Maximilian Götz, 29, kommt aus dem GT

Mercedes-Neuling Lucas Auer, 20, fuhr bislang in der Formel 3-EM

BMW-Rookie Tom Blomqvist, 21, war drei Jahre in der Formel 3 aktiv

Der BMW M4 ist auch 2015 das Auto, das es zu schlagen gilt. Die Münchner gewannen die Fahrer- und die Teamwertung. Nur in der Marken-Wertung hatte Audi die Nase vorn

Eigentlich gilt in der DTM ein Enwicklungsstopp. Weil Mercedes 2014 aber manchmal chancenlos hinterherfuhr, durfte an dem C-Coupé nachgebessert werden

Drei neue Gesichter

Das Fahrer-Karussell kam in der DTM diesmal kaum in Schwung. Audi vertraut auf die gleichen acht Piloten wie bisher. BMW tauschte den notorisch erfolglosen Amerikaner Joey Hand aus gegen den schwedischen Newcomer Tom Blomqvist, Sohn der Rallyelegende Stig Blomqvist. Zwei neue Gesichter gibt´s bei Mercedes. Der deutsche Maximilian Götz und der Österreicher Lucas Auer wollen der Stern-Prominenz rund um die Ex-Meister Gary Paffett und Paul di Resta ordentlich einheizen. Zum ersten Mal seit vielen Jahren stehen wieder acht Mercedes am Start. Sportchef Toto Wolff kam damit endlich der Forderung des Veranstalters ITR nach. Sein Cockpit geräumt hat der Russe Vitaly Petrov. Sportlich gesehen, ist dies kein großer Verlust. Der Ex-Formel-1-Mann war von Punkterängen stets weit entfernt.

Technisch bleibt alles beim Alten: Der im Sinne der Kostenersparnis verabschiedete Entwicklungsstopp ist nach wie vor in Kraft. Die Ingenieure mussten sich im Winter damit begnügen, nach winzigen Lücken im Regelement zu fahnden und zu versuchen, in diesen Berechen noch die eine oder andere Tausendstelsekunde zu finden.

Gelernt ist gelernt

Im Rekordtempo fuhr Marco Wittmann im BMW M4 zum DTM-Titel 2014. Zwischendurch arbeitet der 24-Jährige fleißig im Familienbetrieb mit.

Karosseriebau Wittmann – Meisterbetrieb" steht auf dem Firmenschild im Fürther Industriegebiet. Kunden, die ihre beschädigten Vehikel dort in Reparatur geben, können mit etwas Glück sogar auf doppelten Meister-Service hoffen. Zum einen in Gestalt von Firmenchef Herbert Wittmann, zum andern durch dessen Sohn Marco Wittmann. Der Senior ist Meister im Karosseriebau, der Junior in der DTM, und er arbeitet als Geselle im Betrieb der Eltern mit, „so oft es geht".

„Meine Eltern haben in der Kartzeit so viel für mich getan. Jetzt kann ich etwas zurückgeben", sagt der aktuelle DTM-Champion. Im Spätsommer, als die Eltern in Urlaub waren, schmiss der Rennfahrer zwei Wochen lang in Vollzeit den Familienbetrieb. „Immer von 7.30 Uhr bis 17 Uhr." Stress im Hauptberuf als BMW-Werksfahrer hatte er da kaum noch. Denn dank vier Siegen war ihm schon nach sieben der zehn Rennen der Titel so gut wie sicher.

Anders als viele seiner Rennfahrerkollegen hat Wittmann im Kraftfeld zwischen Kartbahn, Sponsorenakquise und Fitnesstraining seine Berufsausbildung zu einem guten Ende gebracht: „Es stand nie zur Diskussion, die Lehre abzubrechen, weder bei den Eltern noch bei mir", sagt der frisch gebackene DTM-Champion. Solche Harmonie herrschte im Hause Wittmann aber nicht immer: Vor vier Jahren, als Marco Wittmann nach der Lehrzeit in einer Karosserie-Firma zurückkehrte in den Familienbetrieb, rumpelte es zwischen Vater und Sohn manchmal ganz gewaltig: „Das war teilweise ganz schön hart. Ich hatte halt bei manchen Sachen andere Vorstellungen als der Vater", grinst Marco. Inzwischen sind die beiden ganz offensichtlich ein Herz und eine Seele. „Toll, wie Marco den Laden geschmissen hat", sagt Herbert Wittmann. „Und auch die Rechnungen hat er fein säuberlich in den richtigen Ordnern abgelegt."

→ auto motor sport Info

Marco Wittmann, Jahrgang 1989, ließ 2007 zum ersten Mal aufhorchen, als er Zweiter beim Weltfinale der Formel BMW wurde. Nach einer weiteren Saison in der Formel BMW fuhr er drei Jahre lang mit VW in der Formel-3-Euroserie. 2010 und 2011 wurde er jeweils Vizemeister, doch für den Aufstieg in die GP2-Serie fehlte das Budget. Deshalb war Wittmann froh, 2012 als DTM-Ersatzfahrer bei BMW Unterschlupf zu finden. Sein Debütjahr schloss er als Tabellenachter ab. 2014 holte er sich schon nach acht von zehn Rennen mit dem BMW M4 des RMG-Teams von Stefan Reinhold vorzeitig den Titel. Der gelernte Karosseriebauer ist ledig, er wohnt zusammen mit seinem jüngeren Bruder Nico am Stadtrand von Fürth.

Kartreifen aus der Abfalltonne

Wie bei so vielen Rennfahrerkarrieren kam die Initialzündung vom Vater. Rückblickend sagt Herbert Wittmann: „Wenn man ehrlich ist, dann ist die Kartfahrerei der Kinder eher ein Spielzeug für die Eltern, zumindest am Anfang." Aus dem Hobby wird aber erfahrungsgemäß schnell Ernst, denn die Rechnungen für ein Kart-Wochenende haben sich gewaschen. „Zwei- oder dreitausend Euro kommen da schnell zusammen", sagt Marco Wittmann.

Dabei sparte das Vater-Sohn-Team nach Kräften: „Wir sind mit dem Camper und Anhänger gereist, und wir hatten keinen eigenen Mechaniker", erinnert sich der Senior. „Und die Reifen fürs Training haben wir ab und zu sogar aus der Mülltonne gezogen." Der Junior schwächt ab: „Na ja, wir sind halt mit Material gefahren, das die anderen nicht mehr brauchen konnten."

Jetzt sind die Eltern Wittmann oft mit dabei bei der DTM, wenn Marco mit der Konkurrenz ein Hühnchen rupft. Bei nicht weniger als vier der ersten sieben Rennen stand der 24-Jährige ganz oben auf dem Siegerpodest. Und nach acht von zehn Rennen hatte er die Meisterschaft in der Tasche. Solch eine Dominanz hat es in der sonst so ausgeglichenen DTM seit 2001 nicht mehr gegeben, als Bernd Schneider die Konkurrenz mit seinem Mercedes eindeutig im Griff hatte.

„Stolz bin ich auf diese Erfolge", sagt Marco Wittmann. Nur ganz beiläufig erwähnt er, dass er wesentlich weniger Erfahrung im Tourenwagen mitbringt als die meisten seiner Gegner. Im November 2011 saß er zum ersten Mal in einem DTM-Auto, bei der Fahrersichtung von BMW. „Das war ein entscheidender Tag für mich", sagt er. „Denn ich wusste: Heute muss ich die Leistung bringen." Nach drei Jahren in der Formel 3 hatte ihm sein Management unmiss-

Flexibel mit der Flex: Karosseriebauer Wittmann im Familienbetrieb

> „Die Rolle der Rampensau überlässt er gerne den Kollegen. Wittmann ist einer der Stillen im Lande, freundlich, aber nicht überschwänglich"

Über dem Esstisch hängt der M3

Im Eiltempo zum Titel: Schon nach acht Rennen durfte die BMW-Crew zünftig feiern

verständlich klargemacht, dass nun das Ende der Formel-Karriere gekommen war, trotz beachtlicher Erfolge in der Euroserie.

Wittmanns einzige Chance war dieser Test: „Ich wusste, dass es dabei nicht nur um schnelle Rundenzeiten geht, sondern dass die Leute auf viele andere Dinge achten: das Feedback für die Techniker und das Auftreten zum Beispiel. Für einen Vertrag braucht es viel mehr als nur schnelle Runden zu fahren." Am Ende des Testtags wusste er zwar, dass er schnell war. Aber reichte es für den ersehnten Werksfahrervertrag? „Ich bin lange auf heißen Kohlen gesessen. Man erfährt ja erst viel später, ob es denen gut gefallen hat."

Das nächste Ziel: ein Marathon

Schließlich kam die Zusage, 2012 im Werksteam dabei zu sein, aber nur als Test- und Ersatzfahrer. Eine kleine Enttäuschung. „Klar, da schaust du halt ein Jahr lang den anderen sechs Jungs bei den Rennen zu. Ich wusste zwar, dass BMW für 2013 von sechs auf acht Autos aufstocken wird. Aber ich wusste nicht, ob ich dann dabei bin." Fast ein Jahr lang musste Wittmann auf seine große Chance warten. Erst im Oktober 2012 erfuhr er, dass er im nächsten Jahr einen Werks-BMW anvertraut bekommen würde.

Wittmann bedankte sich postwendend. Schon im dritten Rennen 2013 lieferte er als Zweiter des Rennens auf dem Österreichring seine erste Podiumsplatzierung. Und auch für Platz acht in der Endabrechnung muss man sich als Rookie nicht schämen. Der Nachwuchsmann lernte im Expresstempo: „Jetzt habe ich mehr Selbstvertrauen. Ich kenne die Abläufe und den Rhythmus des Rennwochenendes, und ich kenne das Auto besser. Dadurch bin ich einfach lockerer."

> „Dieser Lebensmut und dieser Ehrgeiz! Der beinamputierte Paralympics-Sieger und Rennfahrer Alex Zanardi ist Wittmanns Vorbild"

„Ich gehe entspannt an die Sache ran und ich ziehe mein Ding durch", sagt er oft. Wittmann ist keiner, der sich leicht ablenken lässt. An den Rennwochenenden wirkt er oft sehr ernst, seine früher oft recht knappen Statements sind aber deutlich ausführlicher geworden. Doch die Rolle der Rampensau überlässt er gerne Kollegen wie dem leutseligen Timo Glock oder dem temperamentvollen Augusto Farfus. Wittmann ist eher einer der Stillen im Land, freundlich zu neuen Bekanntschaften, aber keinesfalls überschwänglich.

Erstaunlich, dass sich Marco Wittmann einen der größten Charismatiker der Rennsportgeschichte zum Vorbild genommen hat, den ehemaligen ChampCar-Meister Alex Zanardi. Der Italiener verlor 2001 bei einem ChampCar-Unfall auf dem Lausitzring beide Beine. Mit beispielloser Energie kämpfte sich Zanardi zurück – ins Leben, ins Cockpit von BMW-Rennsportautos und auf das Siegerpodest im Handbike-Marathon bei den Paralympics 2012. „Diesen Ehrgeiz und diesen Lebensmut musst du erst mal aufbringen", sagt Wittmann bewundernd. „Ein Wahnsinn, wie Zanardi die Leute bewegt und sie regelrecht mitreißt."

Mit seiner hageren Figur könnte Marco Wittmann auch als Leichtathlet durchgehen. Der neue DTM-Champion liebt das stundenlange Laufen entlang des Rhein-Main-Donau-Kanals, gleich um die Ecke von seiner Wohnung am Stadtrand von Fürth. „Langeweile? Überhaupt nicht. Beim Laufen kann ich prima abschalten. Oft habe ich nicht mal Musik mit dabei." Nach einigem Zögern verrät Wittmann sein Ziel: „2015 will ich einen Marathon laufen. Aber nicht, um einfach nur dabei zu sein. Es sollte schon eine gute Zeit rausspringen."

635 CSi
Das BMW-Coupé siegte in der DTM wie in der Tourenwagen-Europameisterschaft

M3 E30
Mit mehr als 1500 Einzelsiegen ist er der erfolgreichste Tourenwagen der Welt

30 Jahre DTM-Technik im Vergleich: auto motor und sport fuhr den BMW 635 CSi, den M3 E30 und die beiden modernen M3 und M4 exklusiv im spanischen Monteblanco.

Alle vier haben in ihrem ersten DTM-Jahr gleich die Meisterschaft gewonnen. Der 635 CSi mit Volker Strycek 1984, der M3 E30 mit Eric van de Poele 1987, der M3 DTM mit Bruno Spengler 2012 und der M4 DTM mit Marco Wittmann 2014. Das ist aber das einzige verbindende Element: Nicht nur Jahre trennen die vier Champions – es sind Welten.

Die beiden Oldies wirken im Vergleich mit dem modernen DTM-Duo wie Lastensegler im Vergleich zu Kampfjets. Die Ex-Sieger aus den 80er-Jahren sind noch echte Tourenwagen, sehr nah an der Serie. Der Innenraum ist bis auf den Fahrersitz ausgeräumt. Der Fahrersitz ist in der Länge verstellbar. Der 635 leistet sich sogar den Luxus elektrischer Fensterheber. Lichtschalter und Blinkerhebel stammen aus der Serie. Beide Fünfganggetriebe haben den ersten Gang links hinten. Aber auch zwischen den Oldies gibt es gravierende Unterschiede: Der 635 ist etwas schwerer als sein jüngerer Bruder.

Ab 7000 Touren wird er lebendig

Er hat eine zahmere Nockenwelle, dafür gibt es ein etwas breiter fahrbares Drehzahlband. Der rote Bereich am Drehzahlmesser beginnt bei 7000 Touren. Dort wird der M3 erst richtig lebendig. Drehzahlende ist bei 8500 Touren. Für das schmale Drehzahlband entschädigt der M3 mit einem einmaligen, aggressiven Sound. In engen Ecken, die der 635 mit seiner Drehmomentstärke im zweiten Gang umrundet, verlangt der M3 aber nach dem ersten.

Ich bin etwas übermütig auf der Bremse und handle mir am Ende der Start-und-Ziel-geraden gleich mal einen satten Bremsplatten ein. Der M3 will aber auch aggressiv bewegt werden. Auf Bodenwellen ist er weit empfindlicher als der 635. Und schon nach wenigen Runden zeigt er heftige Übersteuertendenzen. An der Box stellen die Mechaniker später fest, dass der Luftdruck der Hinterreifen etwas zu hoch war. Der 635 verhält sich im Vergleich dazu wie ein Gentleman. Er ist etwas behäbiger beim Einlenken, hat etwas mehr Karosseriebewegungen, bügelt dafür eleganter die Bodenwellen der Piste weg. Beim Anbremsen stört der lange

Sieger-Typen

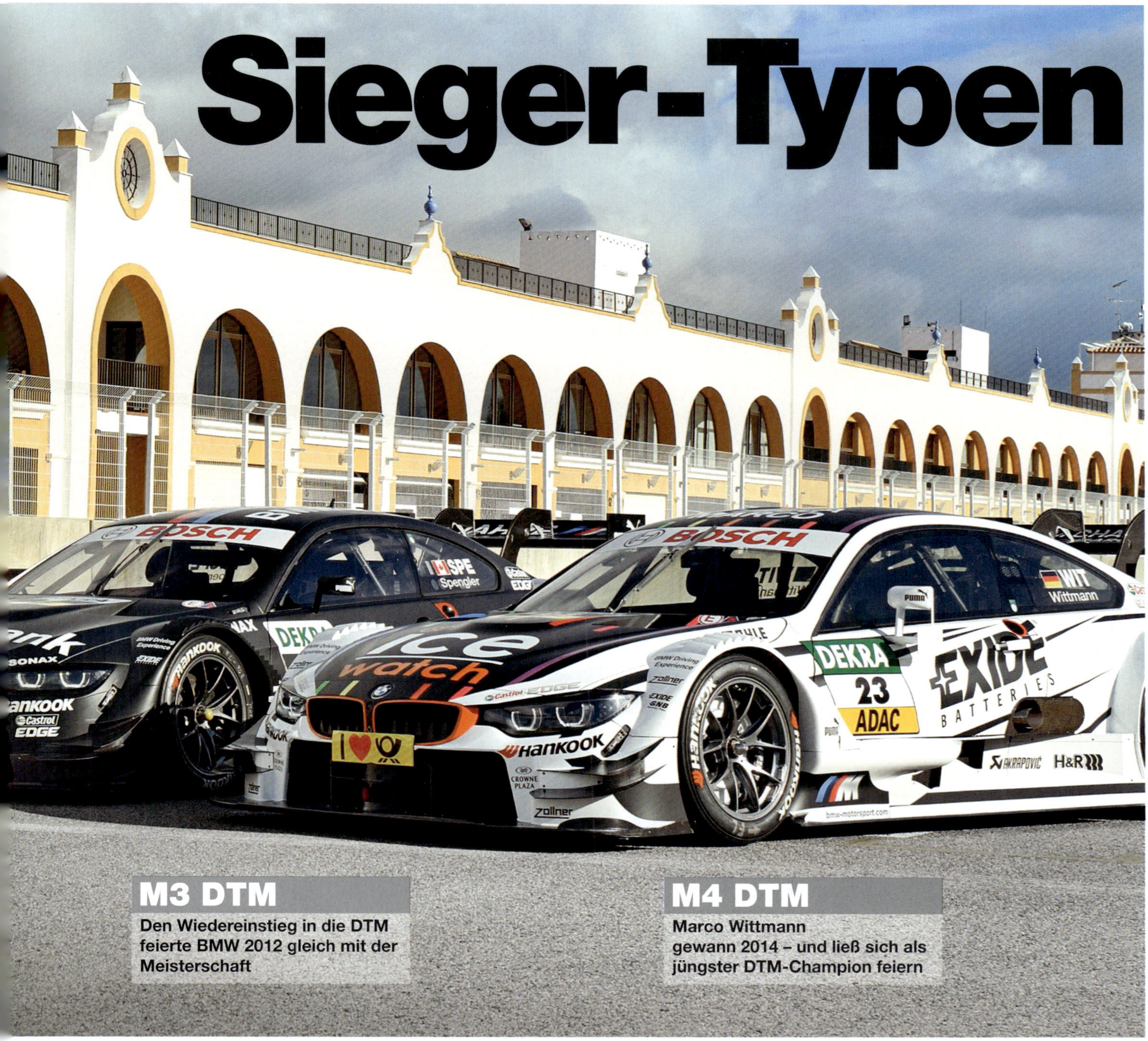

M3 DTM
Den Wiedereinstieg in die DTM feierte BMW 2012 gleich mit der Meisterschaft

M4 DTM
Marco Wittmann gewann 2014 – und ließ sich als jüngster DTM-Champion feiern

Pedalweg etwas. Die Verzögerung ist aber ausgezeichnet. In einigen Ecken ist die zu schwache Hinterachssperre am Ende: Durchdrehende Räder sind Gift für eine ordentliche Rundenzeit.

Außerdem gibt es schnell ein Problem beim Runterschalten vom dritten in den zweiten Gang. Die Schaltgasse hat sich etwas verschoben. Man muss den Schalthebel beim Runterschalten erst in die Mittelposition und dann leicht nach rechts schieben.

Das 635-Coupé hat nicht nur die DTM gewonnen, sondern auch große Auftritte in der Tourenwagen-Europameisterschaft gefeiert. Im direkten Vergleich geht die Spaßwertung allerdings eindeutig an den M3 – nicht zuletzt wegen der einzigartigen Soundkulisse. Und der Unterschied zwischen den Oldies und den Youngstern, dem M3 und dem M4? Man betritt eine andere Welt. Das wird einem spätestens mit dem Einstieg in die Rennwagen klar. Der Fahrer sitzt praktisch auf der Hinterachse, eingebettet in einen Kohlefaser-Monocoque. Neben sich den Tank, vor sich ein Mini-Lenkrad mit Schaltwippen und einem Info-Display, auf dem sich auf verschiedenen Seiten die unterschiedlichsten Informationen über den Gefühlszustand des Hightech-Autos abrufen lassen.

Beim Einstieg in die Oldies muss man sich nur etwas klein machen, um in den Schalensitz zu kommen. Doch der Eintritt in die neue DTM-Welt ist eine satte Turnübung. Rechter Fuß ins Cockpit, Oberkörper tief abgeduckt, Körper in die Sitzschale gleiten lassen und dann den linken Fuß nachziehen und an den diversen Kohlefaserteilen vorbeizirkeln.

Hier wird kein Sitz auf einer Sitzschiene verschoben. Das sogenannte Seat-Fitting nimmt rund eine Stunde in Anspruch. Das Lenkrad wird mit einem Adapter etwas näher zu mir positioniert. Dann muss die Lenksäule nach unten versetzt werden. Zuletzt wird der Sitz mit diversen Schaumkissen an meine Figur angepasst. Am Ende bin ich schon etwas ungeduldig. Aber das soll sich später rächen.

Zunächst aber kommt der Funk-Check und dann der simulierte Notausstieg.

M4 DTM

Am Lenkrad sind neun Knöpfe zu bedienen. Verzögert wird mit Carbonbremsen, die vorn einen Durchmesser von 38 Zentimetern haben. Nach jedem Run werden in der Box die Daten genau analysiert

Der muss in sechs Sekunden absolviert werden. Also Lenkrad abnehmen, Funk abstöpseln, Gurtschloss auf, Gurte abstreifen, Tür aufstoßen und rausklettern.

Das Prozedere ist bei M3 und M4 gleich. Trotzdem gibt es zwischen den Autos Unterschiede, beispielsweise in der Aerodynamik. Der M4 duckt sich subjektiv etwas tiefer ab. Und er wirkt aerodynamisch etwas aufgeräumter. Trägt der M3 noch eine wahre Kaskade von Abstufungen auf den vorderen Kotflügeln, so zeigen die M4-Kotflügel nur noch die sieben Luftausströmungen ganz oben. Auch in der Flanke wurde der M4 aerodynamisch beruhigt. Statt diverser Spoilerflächen zeigt er nur noch ein senkrecht stehendes Blech, das am Ende des Türschwellers in einem Spoiler endet.

Der Achtzylinder brüllt auf

Der Startvorgang ist gleich. Der Pilot sitzt angeschnallt im Cockpit. Der Chefmechaniker erteilt den Befehl zur Startprozedur. Als Erstes kommen die Heizdecken von den Rädern. Das Auto wird abgelassen. Ein Mechaniker greift von der Beifahrerseite aus ins Auto. Der Starter hämmert los. Der Achtzylinder brüllt auf – und verfällt sofort in ein sonores Leerlaufgrummeln. Batterieanschluss los, Tür zu.

> „Der Chauffeur fühlt sich in dieser Höllenmaschine ziemlich alleine"

Jetzt fühlt man sich als Chauffeur in dieser Höllenmaschine ziemlich allein. Nur nicht den Motor beim Losfahren abwürgen, schießt es mir durch den Kopf. Der Renningenieur gibt den Befehl zum Losfahren. Ich bestätige über Funk. Trete das Kupplungspedal durch, drücke dann den Neutralknopf am Lenkrad und ziehe gleichzeitig das rechte Paddel. Der Erste rastet mit einem harten Ruck ein. Langsam das Kupplungspedal kommen lassen und mit dem Gaspedal etwas die Drehzahl hochziehen. Das Anfahren gelingt geschmeidiger als im M3 E30.

Ich ströme auf die erste Ecke zu. Im Hinterkopf habe ich die Anweisung meines Renningenieurs: „Fahr die Bremse richtig warm. Die muss richtig beißen." Sie beißt dann nach der ersten Runde so stark, dass ich quasi in Richtung Pedale rutsche. Ich hätte mir beim Seat-Fitting vielleicht doch etwas mehr Zeit lassen sollen. An der Box versucht man mich mit einem zusätzlichen

M3 DTM

Der DTM-Pilot ist weit hinten platziert. Das kohlefaserverstärkte Monocoque sorgt für vorbildliche Sicherheit. DTM-Autos sind extrem auf Abtrieb ausgelegt. Auf der Geraden lässt sich der wuchtige Heckflügel per Knopfdruck am Lenkrad flachlegen

M3 E30

Mit einem nutzbaren Drehzahlbereich von rund 1500 Umdrehungen ist der M3 ein giftiges Renngerät. Türverkleidungen und Armaturenbrett entsprechen weitgehend der Serie

Kissen in der Carbonschale noch etwas besser zu fixieren – mit wenig Erfolg. Die Sicht nach vorn ist in den DTM-Autos ohnehin bescheiden. Man sitzt weit hinten und muss sich erst einmal daran gewöhnen, dass man den Scheitelpunkt einer Kurve mehr erahnt als anvisiert. Und wenn man dann noch etwas nach unten rutscht, dann wird die Übersicht nicht gerade besser. Aber sei's drum.

Sitzposition und Sicht nach vorn sind in den Oldies natürlich weit besser – oder sagen wir gewohnter. Marco Wittmann, der neue DTM-Champion, der jüngste übrigens in der Geschichte der Meisterschaft, feierte

> „Du glaubst, es geht nicht, aber das Auto kann viel mehr als du. Da muss man erst Vertrauen aufbauen“
>
> **Marco Wittmann**

am Vorabend unseres Tests seinen 25. Geburtstag und bringt es auf den Punkt: „Der Fokus ist ein anderer. Früher musste der Fahrer selbst schnell kuppeln und schalten. Heute ist das alles automatisiert. Bei uns liegt die Konzentration auf anderen Themen, auf dem Bremsen und den schnellen Kurven.“ Und die Datenaufzeichnung bei den aktuellen DTM-Rennautos offenbart genau da erbarmungslos meine Schwächen.

Dabei sind wir in einigen langsamen Ecken gar nicht so weit auseinander. In Kurve acht habe ich sogar leicht die Nase vorn. Trotzdem: In zwei Punkten liegen der DTM-Champ und ich um Meilen auseinander. Beispielsweise auf der Bremse. Du fliegst mit Tempo 240 auf eine Kehre zu, die 70 km/h verträgt. Du weißt, mit gut aufgewärmten Bremsen und Reifen kann man extrem spät bremsen. Du nimmst allen Mut zusammen. Dein Hirn spielt verrückt. Befiehlt das Bremsen. Aber du nimmst dir vor: erst 150 Meter vorher.

Dann springst du mit aller Kraft aufs mittlere Pedal. Der Scheitelpunkt der Kurve schießt vorbei. Aber spätes Einlenken ist fürs anschließende flinke Rausbeschleunigen gar nicht so schlecht. Du bist mit dir ganz zufrieden. Und dann offenbart der Datenaufschrieb das volle Drama.

Gestern beim Seat-Fitting hat mich der Renningenieur eine Trockenbremsung durchführen lassen und den Pedaldruck gemessen. Ich erreichte 66 Bar – und erntete ein müdes Grinsen: „50 Bar brauchst du mindestens, damit der Apparat auch bremst.“ Jetzt brennt mir die Wade, und ich habe 105 Bar erreicht. Respekt. Aber der Champ schafft locker 139 Bar. Und der

Das große Coupé ist etwas schwerer als der M3, und der Sechszylinder hat ein viel breiteres Drehzahlband. Tourenwagen-Ass Dirk Adorf erteilt dem Piloten letzte Anweisungen (rechts oben)

Renningenieur fährt mit der Analyse gnadenlos fort: Meine Carbonscheiben erreichen 300 Grad Celsius, Wittmann kommt auf über 400 Grad. Und schlimmer noch: Zwischen unseren Anbremspunkten liegen Welten. Das ist ernüchternd.

Sie fahren in einer anderen Liga

Es ist nicht die einzige Lektion an diesem Tag, der in Andalusien völlig untypisch mit dichtestem Nebel begann. Der Youngster holt seine Zeit nicht nur auf der Bremse, sondern auch in den schnellen Ecken. In den ersten Runden mit dem 2014er-Siegerauto bremse ich Kurve neun an und schalte vom Vierten in den Dritten runter. Der M4 pfeilt sich mit viel Power in Richtung der äußeren Curbs – und ich habe das Gefühl: Das war gar nicht so schlecht. An der Box erklärt mir Wittmann, er bremse zwar auch, haue sich durch die superschnelle Biegung aber in Gang vier. Und mein Renningenieur verrät: „Du bremst härter an, damit verändert sich die Fahrzeughöhe und der Abtrieb reißt ab. Bei Marco bleibt der Abstand zur Fahrbahn stabil, und er kann den vollen Abtrieb nutzen." Doch Wittmann tröstet: „Das Zutrauen in den Abtrieb muss man sich erst erarbeiten. Das musste ich in der Formel 3 auch erst lernen. Du glaubst, es geht nicht, aber das Auto kann viel mehr als du. Da muss man erst mal Vertrauen aufbauen."

Eines hat dieser Test überdeutlich gezeigt. Es liegen Welten zwischen einst und heute. Der 635 und der M3 waren die geilsten Renngeräte ihrer Zeit. Die heutigen DTM-Renner fahren in einer anderen Liga.

Marco Wittmann hat für seinen DTM-Sieg eine Testfahrt im Toro Rosso spendiert bekommen. Wahrscheinlich wird er nun lernen, dass es nach den DTM-Rennern noch mal eine ganz andere fahrerische Dimension gibt.

TECHNISCHE DATEN

BMW		635 CSi	M3 E30	M3/M4 DTM
Motorbauart/Zylinderzahl		6R	4R	V8
Hubraum	cm^3	3430	2302	3999
Leistung	PS bei 1/min	330 bei 7000	296 bei 8000	480 bei 7000
max. Drehmoment	Nm bei 1/min	350 bei 5500	270 bei 7000	ca. 500
Länge × Breite × Höhe	mm	4755 × 1725 × 1300	4355 × 1680 × 1300	5010 × 1950 × 1150
Radstand	mm	2630	2565	2800
Leergewicht	kg	1050	960	1100

Die Rekorde der

Die Top 50 nach Punkten

Platz	Fahrer (□ = noch aktiv)	Punkte	GP-Zahl	WM-Titel	Siege	2. Plätze	3. Plätze	Pole-Positions	Schnellste Runden
1.	Fernando Alonso (E)	1767	235	2	32	37	28	22	20
2.	Sebastian Vettel (D)	1618	139	4	39	14	13	45	25
3.	Michael Schumacher* (D)	1566 (1488)	307	7	91	43	21	68	77
4.	Lewis Hamilton (GB)	1486	148	2	33	19	18	38	20
5.	Jenson Button (GB)	1198	266	1	15	16	20	8	8
6.	Mark Webber (AUS)	1047,5	215	0	9	16	17	13	19
7.	Kimi Räikkönen (FIN)	1024	212	1	20	29	28	16	40
8.	Felipe Massa (BR)	950	210	0	11	13	15	16	15
9.	Nico Rosberg (D)	888,5	166	0	8	13	5	15	9
10.	Alain Prost (F)	798,5 (768,5)	200	4	51	35	20	33	41
11.	Rubens Barrichello (BR)	658	323	0	11	29	28	14	17
12.	Ayrton Senna (BR)	614 (610)	161	3	41	23	16	65	19
13.	David Coulthard (GB)	535	246	0	13	26	23	12	18
14.	Nelson Piquet (BR)	485,5 (481,5)	204	3	23	20	17	24	23
15.	Nigel Mansell (GB)	482 (480)	187	1	31	16	11	32	30
16.	Niki Lauda (A)	420,5	171	3	25	20	9	24	25
17.	Mika Häkkinen (FIN)	420	162	2	20	15	17	26	25
18.	Gerhard Berger (A)	386 (385)	210	0	10	17	21	12	21
19.	Jackie Stewart (GB)	360 (359)	99	3	27	11	5	17	15
	Damon Hill (GB)	360	116	1	22	15	5	20	19
21.	Ralf Schumacher (D)	329	180	0	6	7	15	6	8
22.	Carlos Reutemann (ARG)	310 (298)	146	0	12	13	20	6	5
23.	Juan Pablo Montoya (COL)	307	94	0	7	15	8	13	12
24.	Graham Hill (GB)	289 (270)	176	2	14	15	7	13	10
25.	Riccardo Patrese (I)	281	256	0	6	17	14	8	13
	Emerson Fittipaldi (BR)	281	144	2	14	13	8	6	6
27.	Juan Manuel Fangio (ARG)	277,1 (244,5)	51	5	24	10	1	29	23
28.	Giancarlo Fisichella (I)	275	229	0	3	7	9	4	2
29.	Jim Clark (GB)	274 (255)	72	2	25	1	6	33	28
30.	Robert Kubica (PL)	273	76	0	1	5	6	1	1
31.	Jack Brabham (AUS)	261 (253)	126	3	14	10	7	13	10
32.	Nick Heidfeld (D)	259	183	0	0	8	4	1	2
33.	Jody Scheckter (ZA)	255 (246)	112	1	10	14	9	3	6
34.	Denis Hulme (NZ)	248	112	1	8	9	17	1	9
35.	Jarno Trulli (I)	246,5	252	0	1	4	6	4	1
36.	Daniel Ricciardo (AUS)	268	69	0	3	0	5	0	1
37.	Jean Alesi (F)	241	201	0	1	16	15	2	4
38.	Romain Grosjean (F)	236	64	0	0	2	7	0	1
39.	Jacques Villeneuve (CDN)	235	163	1	11	5	7	13	9
40.	Jacques Lafitte (F)	228	176	0	6	10	16	7	6
41.	Nico Hülkenberg (D)	232	76	0	0	0	0	1	1
42.	Clay Regazzoni (CH)	212 (209)	132	0	5	13	10	5	15
43.	Alan Jones (AUS)	206 (199)	116	1	12	8	5	6	13
	Ronnie Peterson (S)	206	123	0	10	10	6	14	9
45.	Bruce McLaren (NZ)	196,5 (188,5)	101	0	4	11	12	0	3
46.	Eddie Irvine (GB)	191	146	0	4	6	16	0	1
47.	Valtteri Bottas (FIN)	190	38	0	0	2	4	0	1
48.	Sergio Pérez (MEX)	188	75	0	0	2	2	0	3
49.	Stirling Moss (GB)	186,6 (185,6)	66	0	16	5	2	16	20
50.	Michele Alboreto (I)	186,5	194	0	5	9	9	2	5

In Klammern abzüglich Streichresultate; * laut FIA-Disqualifikation wurden die 97er Resultate gestrichen

Die Bestenliste

Leistung	Fahrer
WM-Titel:	M. Schumacher 7
GP-Starts:	Barrichello 323
Siege:	M. Schumacher 91
2. Plätze:	M. Schumacher 43
3. Plätze:	Barrichello, Räikkönen 28
Siege pro Saison:	M. Schumacher 13 (2004), Vettel 13 (2013)
Siege in Folge:	Vettel 9 (2013)
Siege im gleichen GP:	M. Schumacher 8 (Frankreich)
Siege in Folge (gl. GP):	Senna 5 (Monaco 1989–1993)
Podiumsplätze:	M. Schumacher 155
Führungskilometer:	M. Schumacher 24 082
WM-Punkte:	Alonso 1767
WM-Punkte (pro Saison):	Vettel 397 (2013)
Schnellste Runden:	M. Schumacher 77
Schnellste Runden pro Saison:	M. Schumacher (2004), Räikkönen (2008) 10
Pole-Positions:	Schumacher 68
Pole-Positions pro Saison:	Vettel 15 (2011)
Pole-Positions in Folge:	Prost 7 (1993)
Start-Ziel-Siege:	Senna 19
Jüngster GP-Sieger:	Sebastian Vettel, 21 Jahre, 73 Tage (2008, Italien)
Ältester GP-Sieger:	Luigi Fagioli, 53 Jahre, 22 Tage (1951, Frankreich)
Jüngster Weltmeister:	Sebastian Vettel, 23 Jahre, 134 Tage (2010)
Ältester Weltmeister:	Juan Manuel Fangio, 46 Jahre, 76 Tage (1957)
Jüngster Pilot am Start: 166 Tage (2015, Australien)	Max Verstappen, 17 Jahre,
Ältester Pilot am Start:	Louis Chiron, 55 Jahre, 292 Tage (1955, Monaco)

Leistung	Team
Konstrukteurs-Titel:	Ferrari 16
GP-Siege:	Ferrari 221
Siege pro Saison:	Mercedes (2014), 16
Siege in Folge (pro Saison):	McLaren 11 (1988)
WM-Punkte:	Ferrari 6741,1
WM-Punkte (pro Saison):	Mercedes 701 (2014)
Doppelsiege (pro Saison):	Mercedes 11(Hamilton,Rosberg 2014)
Pole-Positions:	Ferrari 207
Pole-Positions in Folge:	Williams 24 (1992, 1993)
Pole-Positions (pro Saison):	Red Bull (2011), Mercedes (2014) 18
Siege auf einer Strecke:	Ferrari 18 (Monza)

Formel 1

Sebastian Vettel macht Jagd auf Michael Schumacher. In diesem Jahr im Ferrari. Ihm fehlen noch 52 Siege, 23 Pole Positions und 52 schnellste Runden. WM-Punkte hat Vettel schon mehr.

Vettel lebt seinen Kindheitstraum. Wie sein Vorbild Michael Schumacher ist er mit Ferrari auf Titeljagd

Zum Weiterlesen aus dem Motorbuch Verlag

Simon Arron/Mark Hughes

Formel 1

Dieses Buch besticht durch die präzise Darstellung sämtlicher Formel-1-Boliden, die von 1950 bis 2008 gefahren wurden. Es erklärt, wann diese Wagen eingesetzt wurden, von wem sie gesteuert wurden und welche Platzierungen sie erreichten. Über 3700 Abbildungen bieten eine einmalige, lückenlose Bildchronik, in der sich die Autoren bewusst auf die Autos konzentrieren. Als Ergänzung werden im Anhang alle Piloten mit Bild und biografischen Angaben beschrieben.

520 Seiten,
Format 250 x 305 mm

ISBN 978-3-613-02822-7

€ 19,95 **CHF 27,90 / € (A) 20,60**

Überall, wo es Bücher gibt, oder unter
www.motorbuch.de

Service-Hotline: 0711/ 98 809 984

Stand März 2015
Änderungen in Preis und Lieferfähigkeit vorbehalten.